鉴石天下 系列之二

行家这样买

中国最美
彩石全知道

巴林石

《鉴石天下》编委会 编著

青岛出版社
QINGDAO PUBLISHING HOUSE

国家一级出版社
全国百佳图书出版单位

图书在版编目（CIP）数据

行家这样买巴林石 /《鉴石天下》编委会编著 . – 青岛：青岛出版社，2015.3

（鉴石天下系列之二）

ISBN 978-7-5552-1443-4

Ⅰ . ①行… Ⅱ . ①鉴… Ⅲ . ①石 – 投资 – 巴林右旗②石 – 鉴赏 – 巴林右旗③石 – 收藏 – 巴林右旗 Ⅳ . ① F724.787 ② TS933 ③ G894

中国版本图书馆 CIP 数据核字（2015）第 004650 号

行家这样买巴林石

中国最美彩石全知道

编 著 者	《鉴石天下》编委会
策 划	中海盛嘉
出版发行	青岛出版社
社 址	青岛市海尔路182号（266061）
本社网址	http://www.qdpub.com
邮购电话	13335059110　0532-68068820（传真）　0532-68068026
责任编辑	郭东明　程兆军　E-mail：qdgdm@sina.com
装帧设计	中海盛嘉
印 刷	山东鸿杰印务集团有限公司
出版日期	2015年3月第1版　2015年3月第1次印刷
开 本	16开（787mm×1092mm）
印 张	14
字 数	300千
书 号	ISBN 978-7-5552-1443-4
定 价	79.00元

前 言
Foreword

巴林石因出产自内蒙古自治区赤峰市的巴林右旗而得名，为上乘石料，软硬适中，便于镌刻，是一种极好的雕刻原料和图章原料，与浙江青田的青田石、福建的寿山石、浙江临安的昌化石并称为中国的"四大印石"。

巴林石大体上可分为鸡血石、福黄石、冻石、彩石、图案石五大类，其中又以鸡血石最为名贵，素有"世界鸡血石在中国，中国鸡血石在巴林"的美誉。巴林鸡血石与浙江的昌化鸡血石外观极为相似，两者最大的差异在特征方面：昌化鸡血石的地子比较纯粹，而巴林鸡血石多花纹，所以有"南血北地"之称。

在"四大印石"中巴林石是最为年轻的石头，虽然早在原始社会就被制作成石器，但真正大面积开采的历史较短，1978年国家轻工业部才将巴林石矿列为我国三大彩石基地之一，正式命名为中国巴林石。但由于奇货可居，市场上也出现了许多巴林石假冒品，这些石头有的是外地产的与巴林石外观相似的蜡石，还有的是把巴林石中的红花石当作鸡血石销售，欺骗外行。

知己知彼方能百战不殆，本书从巴林石的形成原因、矿物组成、石种分类、历史渊源、市场走势、真伪鉴别等方面出发，通过诸多的图片和文字展示，系统地为广大巴林石爱好者提供了藏石、鉴石的诸多方法。

《鉴石天下》编委会

目 录
Contents

第一章

入门有方，
一学就会一看就懂的品鉴法　　8

巴林鸡血石　　10
草原瑰宝的发展史 / 10
巴林鸡血石的出生地 / 11
巴林鸡血石的矿物成分 / 13
巴林鸡血石的基本特征 / 14
巴林鸡血石的分类 / 16
巴林鸡血石的品评 / 20
巴林鸡血石的辨伪 / 24
巴林鸡血石的鉴赏 / 24

巴林福黄石　　28
巴林福黄石的美丽传说 / 28
巴林福黄石的分布 / 28
巴林福黄石的矿物成分 / 30
巴林福黄石的基本特征 / 30
巴林福黄石的分类 / 30
巴林福黄石的鉴赏与辨伪 / 33
巴林福黄石的保养 / 35

巴林图案石　　36
巴林图案石形成的纹理及色彩 / 37
巴林图案石的基本特点 / 37
巴林图案石的鉴赏与收藏 / 37

巴林彩石　　44
巴林彩石的传说 / 44
巴林彩石的分布 / 46
巴林彩石所含矿物成分 / 47

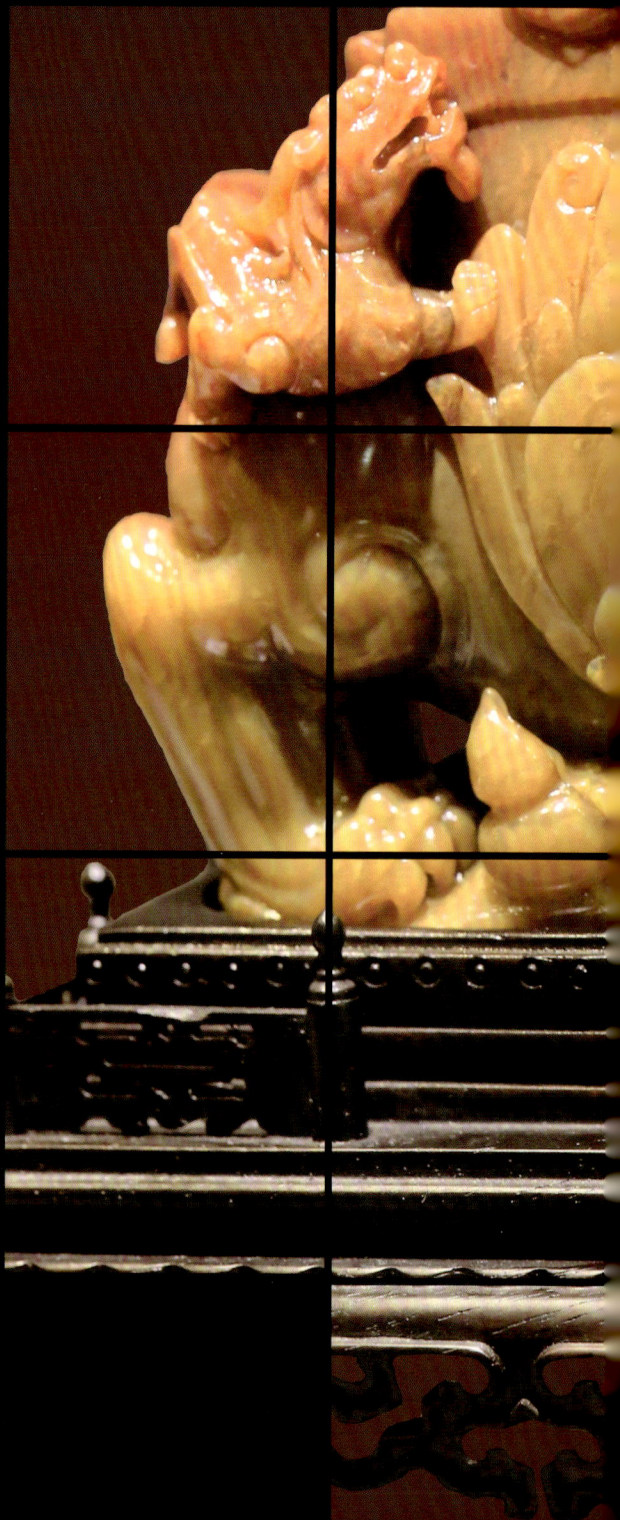

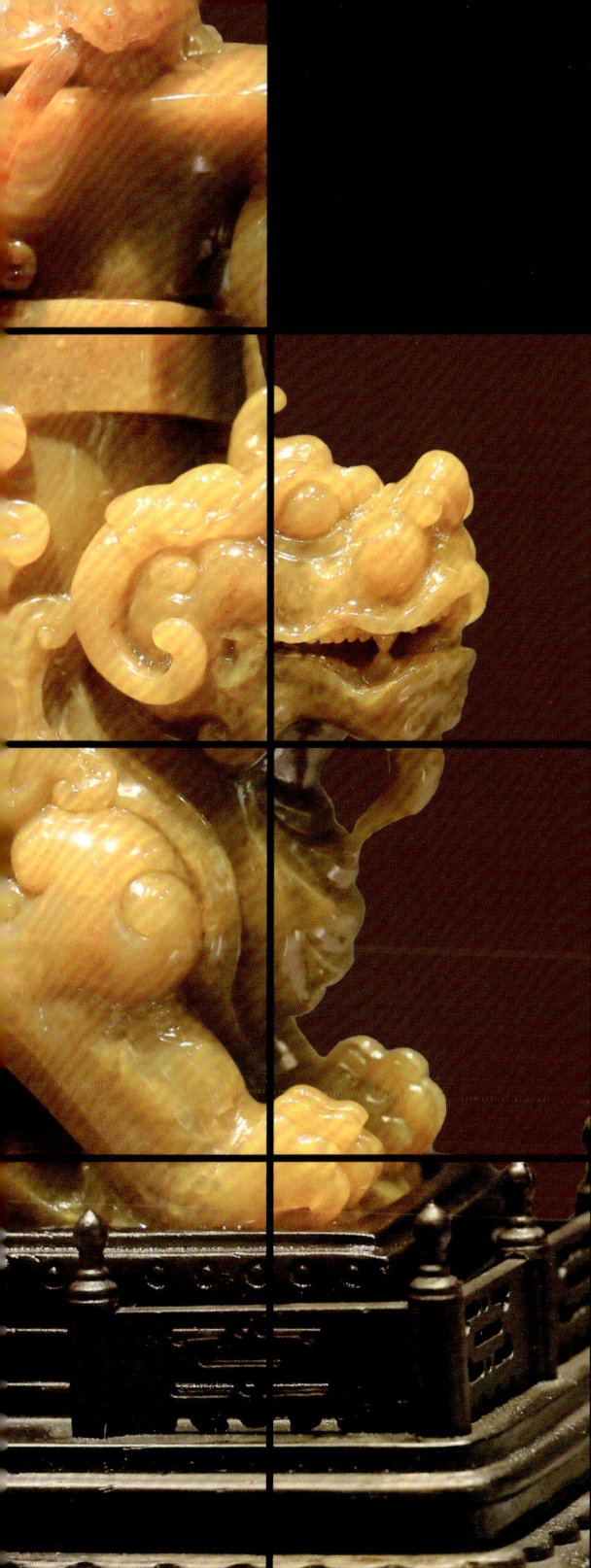

巴林彩石的特性 / 48

巴林彩石的分类 / 48

巴林彩石的鉴赏 / 60

巴林彩石的保养 / 62

巴林冻石   **64**

巴林冻石的分布 / 64

巴林冻石的矿物成分 / 65

巴林冻石的基本特征 / 65

巴林冻石的分类和品种 / 72

巴林冻石的鉴赏与辨伪 / 74

巴林冻石的保养 / 75

第二章

收藏有门，
专家手把手教你正确买卖   84

独具魅力的巴林石印章   **86**

四大印石之北方派 / 86

开料有讲究 / 89

雕工真功夫 / 94

雕件有内涵 / 96

命名有学问 / 97

品鉴有手段 / 99

独一无二的巴林石雕件   **100**

不可挑剔的珍品 / 100

完美的雕刻技法 / 103

精致的雕刻设计 / 107

匹配的雕刻工具 / 114

专题：了解真正的巴林石开采及加工   **130**

第三章

文化兴石，
巴林石成草原上的金名片   132

不懂历史不玩石   **134**

当代巴林石：文化与产业并举　142

打造中国巴林石名片 / 142

创建中国巴林石之都 / 143

兴建巴林石产业园 / 144

提升巴林石雕艺产业 / 152

第四章

鉴石有法，
行家教你解决打眼烦心事儿　154

巴林鸡血石和昌化鸡血石的鉴别　156

血色差异 / 156

地子差异 / 157

颗粒差异 / 157

雕刻技艺差别 / 158

巴林福黄石和寿山田黄石的鉴定　162

稀缺珍贵品的鉴别 / 163

纹理外观特征的鉴别 / 164

巧辨赝品不打眼　166

冒充法 / 166

镶嵌法 / 166

描绘法 / 167

煨色法 / 168

添补法 / 168

第五章

投资有道，
内行玩家的升值秘诀　170

巴林石品类巧投资　172

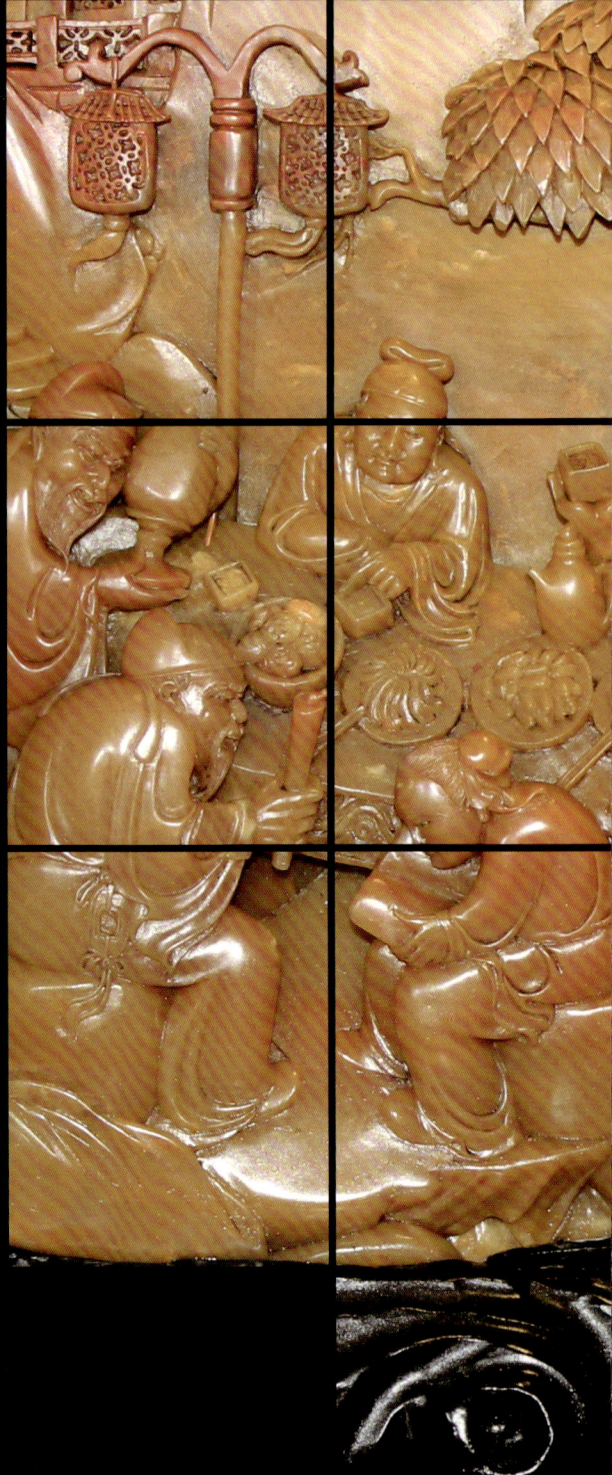

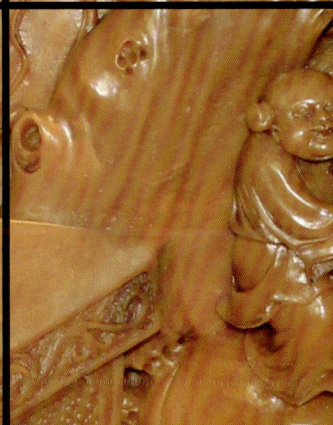

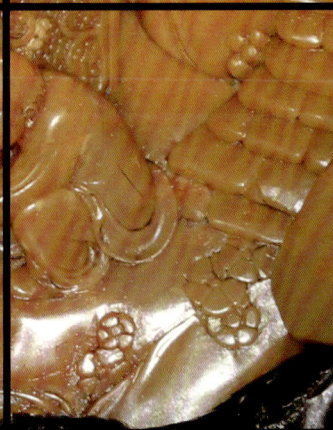

巴林鸡血石投资 / 172
巴林福黄石投资 / 173
巴林冻石投资 / 173
巴林彩石投资 / 173

投资巴林石必知要点

石头要干净 / 182
石质要清透 / 182
颜色须艳丽 / 183
凝润度好 / 183
雕工细腻 / 184
证书齐全 / 184
独有特色 / 185

投资功力加深有诀窍

参加培训学习 / 188
参加巴林石拍卖 / 189

淘宝必知的巴林石市场

巴林右旗巴林石市场 / 194
赤峰巴林石市场 / 198
呼和浩特巴林石市场 / 199
福建巴林石市场 / 199

投资升值有技巧

分档投资 / 200
全民收藏热 / 201
资源稀缺性 / 202
品牌效应 / 202

把脉市场走势

享誉海内外 / 206
市价高涨 / 206
以巴代寿 / 207

保养有法可升值

水养上油保养有技巧 / 210

太狮少狮摆件・巴林金银冻石
尺　寸　13厘米×17厘米

第一章

入门有方，

一学就会一看就懂的品鉴法

巴林鸡血石

巴林石属于叶蜡石的一种，主要矿物组成为高岭石族矿物，因主产地在内蒙古自治区赤峰市的巴林右旗而得名。叶蜡石主要由酸性火山凝灰岩经热液蚀变而成，在某些富铝的变质岩中也有产出，常与石英、高岭石、蒙脱石、地开石、绢云母以及蓝晶石、红柱石、刚玉等矿物共生。巴林石大体上可分为鸡血石、福黄石、冻石、彩石、图案石五大类，其中又以鸡血石最为名贵，素有"世界鸡血石在中国，中国鸡血石在巴林"的美誉。

草原瑰宝的发展史

据传，在清宣宗道光年间，巴林鸡血红已被发现，并开始少量开采，但其价值并未显现出来，很多挖到鸡血石的商人往往将其包装成浙江昌化的"鸡血石"出售。一直到70年代，巴林右旗开始建立巴林石矿，在大规模开采时，偶尔会有鸡血红渗进矿石之中，但仍然没有引起人们的重视。

巴林石有妙趣横生的纹理，其色泽艳丽，质地温和滋润，早在原始社会就被人制作成石器。进入封建社会，作为贡品进奉朝廷，被元太祖成吉思汗称为"天赐之石"。不过那时人们将它仅仅作为简单的生活用品，如石臼、石碗等，并未进行大规模的开采。

巴林石为上乘石料，软硬适中，便于镌刻，是一种极好的雕刻原料和图章原料，与浙江青田的青田石、福建的寿山石、浙江临安的昌化石并称为中国的"四大印石"。这些印章让人在把玩欣赏之余，不禁会产生丰富的遐想，赞叹大自然造物的神奇。

1978年以后，巴林鸡血红初露头角，以其适中的硬度、温和滋润的质地、鲜艳的血色和清晰的纹理，引起藏石界的兴趣，价值和声望也跟着与日俱增，成为巴林石中最珍贵的品类。

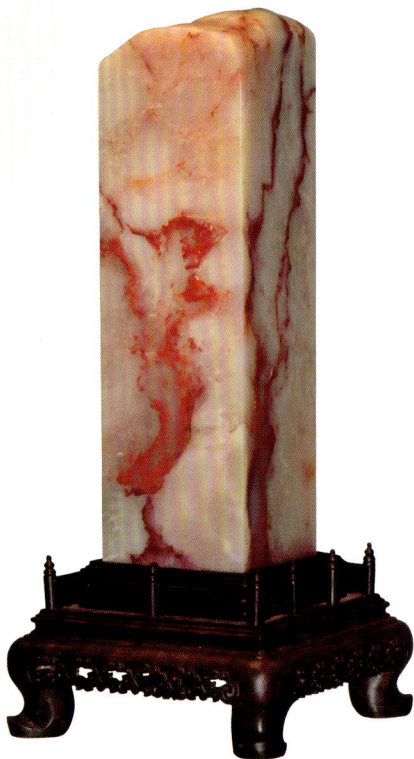

巴林鸡血石印章王

尺　　寸　9厘米×9厘米×28厘米
鉴石要点　血色鲜艳遍布整个印章表面，血脉走势灵动，如丝缕状在章体中弥绕，与斑斓的地色交相辉映。

巴林鸡血石的出生地

巴林右旗位于内蒙古自治区赤峰市的北部，地处西拉沐沦河北岸，大兴安岭南段山地，是科尔沁草原的重要组成部分。大板镇是巴林右旗的旗政府所在地，是2001年由原大板镇和原独石苏木合并成立的新建制镇，巴林石的产地交易大多集中在大板镇上。从赤峰市到大板镇唯一的公共交通工具是当地的长途大巴，两地的距离约为170千米，正常情况下需要走3～4个小时。

巴林右旗历史文化悠久，早在七八千年以前就有人类繁衍生息，这里是辽代的故土，契丹族的发祥地，是红山文化和辽文化的重要发源地。1634年巴林部落定居于此，清朝顺治五年（1648年）建巴林右翼旗，先后有康熙的姑姑固伦淑慧公主、康熙的女儿固伦荣宪公主下嫁巴林，康熙帝也曾亲自巡猎于此。

巴林右旗被认为是英雄格斯尔的故乡，是长篇史诗《格斯尔》的发祥地，这里有蒙古地区遗留下来的唯一的格斯尔庙。

《格斯尔》被誉为东方的《伊利亚特》，是一部跨民族、跨国境传播的大型活态史诗。它起源于我国蒙古族与藏族民间，流传于蒙古族、藏族和土族等民族聚居区。蒙古族称之为《格斯尔》，藏族称之为《格萨尔》，在人类文化史上占据着重要地位。近几年巴林右旗先后被国家文化部评为"中国民间艺术之乡"、"中国格斯尔（格萨尔王）文化之乡"和"中国好来宝（蒙古族的一种曲艺）之乡"。

水草生命·巴林水草冻鸡血石

尺　寸　9厘米×9厘米×28厘米

鉴石要点　石质细腻莹润，顶部弥漫着殷红的色彩，走势灵动，下部似山间点染的水草，随风摇曳。

巴林右旗不但历史悠久，其资源也很丰富。现已发现有色金属和非金属矿藏27种，矿点、矿化床106处，这其中以巴林石最为出名，不但收藏界热捧，当地政府也致力于将巴林石打造成地域名片。发展到现在，巴林石已成为巴林右旗乃至赤峰市的名牌，有"物华天宝"之称。

巴林石矿地处距今约上亿年的中生代中晚期发育形成的新华夏系第三区型隆起带——大兴安岭隆起带西南缘的南东边缘，属白音诺景峰新华夏系Ⅱ级断裂构造带的一部分。矿区的主要地层为火山熔岩、火山角砾岩、凝灰岩和泥页岩。矿脉严格受南北向断裂构造控制，分段集中，密集成组，平行排列。

巴林鸡血石主要出产自巴林右旗的雅玛吐山，这里海拔1131米，远处望去，山孤坡缓，其貌不扬，但山里暗涌宝气。当地人称雅玛吐山为特尼格尔图山，特尼格尔图在蒙语里是有透明石头的地方。

因巴林石质地较软，过去常用其在石板上写字，当地汉族群众也称该山为画石山。1973年，雅玛吐山的石头被国家轻工部正式命名为巴林石，国家开始有计划地在这里投资建矿，形成了较大的开采规模。

巴林玫瑰红鸡血石素章
尺　寸　3厘米×3厘米×9厘米

熊熊火焰·巴林大红袍鸡血石
尺　寸　18厘米×22厘米
鉴石要点　全红的鸡血石是鸡血石中的上品，被称为"大红袍"。石头通体均有鸡血分布，血色鲜艳亮润。

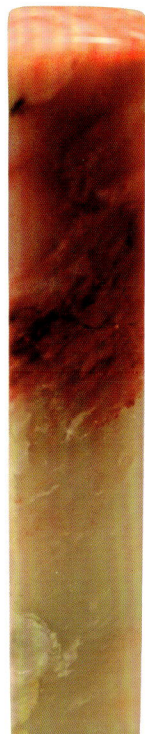

巴林粉地鸡血石方章
尺　寸　3.1厘米×3.1厘米×16厘米

巴林鸡血石是由富含硅、铝元素的流纹岩，受到火山热液蚀变作用而发生高岭石化、地开石化和汞矿化作用形成的。巴林鸡血石矿的分布并没有规律可循，东生一块，西生一块，一般分布在巴林石矿脉的的顶部和底板部位，呈不规则的条带状、巢穴状、斑团状产出。

巴林鸡血石的矿物成分

巴林鸡血石是亿万年前火山爆发形成的，主要成分是地开石(含量85%～95%)和辰砂(含量5%～15%)，并含有高岭石、黄铁矿、硬水铝石、珍珠陶土、明矾石和石英等(含量1%～5%)等其他矿物。

鸡血石的"地"，又被叫做"地子"，就是去除血色部分后石头的基础底色，主要由地开石或高岭石与地开石的过渡矿物形成；石头上的"血"主要由辰砂形成，其中微粒状辰砂(5%～50%)被高岭石或地开石所裹挟，辰砂呈浸染状分布。

地开石是岩浆热液蚀变矿物。在约1亿年前的白垩纪也就是人们常说的恐龙时代，我国福建浙江及内蒙古等地区，火山喷发出大量熔浆和碎屑物，构成巨厚的流纹岩和凝灰岩，又经后期热液蚀变形成了地开石。

地开石的化学式为$Al_4[Si_4O_{10}](OH)_8$，是一种含羟基的铝硅酸盐矿物，它与高岭石、珍珠石的成分相同，但晶体的结构有所不同。

这叫同质异像，即为$[SiO_4]$四面体的六方网层与氢氧铝石或氢氧镁石的八面体层按1:1结合而成的层状结构。晶体呈完善的六边形鳞片，鳞片大小可达0.1～0.5毫米，地开石呈白色，集合体微带黄绿或者褐色。解理薄片呈珍珠光泽。

巴林石的主要化学成分为二氧化硅（SiO_2）、氧化铝（Al_2O_3），并含有微量的锰（Mn）、铁（Fe）、钛（Ti）等的氧化物形成不同的颜色，部分石种因含有较多的汞的硫化物（硫化汞），形成了鸡血石。

鸡血石中最主要的成分为辰砂，又名朱砂、丹砂、赤丹、汞沙，是硫化汞（HgS）的天然矿石，大红色，有金刚光泽至金属光泽，属三方晶系。辰砂的摩氏硬度为2～2.5度，密度8.09～8.2克/立方厘米。体重，质脆，片状者易破碎，粉末状者有闪烁的光泽。

鼎钮章·巴林黄花冻石
尺　寸　6厘米×6厘米×16厘米
鉴石要点　质地细腻，黄冻由表及里灿若云霞，极富动感，印章配有鼎钮，有一言九鼎、正当鼎盛的寓意。

巴林石的硬度低，其摩氏硬度为2～4度，密度2.62克/立方厘米，具有良好的涂复性和遮盖性。色彩美丽，颜色丰富，既有赤、橙、黄、绿、蓝、靛、紫7种基本色素，也有深、浅、浓、淡、清、浊、明、暗等多变色调，成色天然，色彩缤纷。

鸡血石的质地与矿物成分有很大的关系。当鸡血石主要由地开石和辰砂这两种极细粒状矿物组成时，其质地细腻温润，外观就像胶冻一样，呈半透明状，业界称之为"冻地鸡血石"；当鸡血石内含有较多的明矾石时，由于明矾石是隐晶矿物，会使得鸡血石的透明度大打折扣以至不透明，光泽减弱甚至无光泽，硬度增大，同时脆性也增大；当鸡血石内含有较多的石英、黄铁矿或次生石英岩化晶屑、玻屑凝灰岩残留物时，由于这些杂质的硬度高于地开石的硬度，便显得喧宾夺主，既不利于鸡血石的美观，也不利于雕刻，工艺上称之为"砂钉"。

巴林鸡血石的基本特征

巴林鸡血石的形成主要是因为硫化汞渗入地开石中，并在一定范围内聚集，使整块石头的某些部位呈现鲜明的红色，由于其颜色鲜红如同鸡血一样，因此而得名。

从物理学上讲，鸡血石的矿物颗粒很细，肉眼无法分辨出矿物颗粒者，主要呈显微隐晶质结构、显微粒状结构、显微鳞片状结构和纤维鳞片状结构。在扫描电镜下观察，地开石呈假六方板状或他形粒状，结晶颗粒细小(0.005～0.2毫米)，结构致密，为鳞片状集合体；而辰砂呈微细粒状、他形粒状或鳞片状，结晶颗粒细小(0.005～0.1毫米)，常聚集成斑块状、条带状等。

鸡血石主要呈极致密块状构造，个别为变余角砾状构造。血按其分布形态可划分为点状、线状和团块状，形态各异地散布于"地"上。所谓点状，即辰砂微粒呈星点状、浸染状或云雾状。线状是指辰砂微粒沿鸡血石的裂隙分布，当垂直裂隙面切割时呈脉状，沿裂隙面切割则呈面

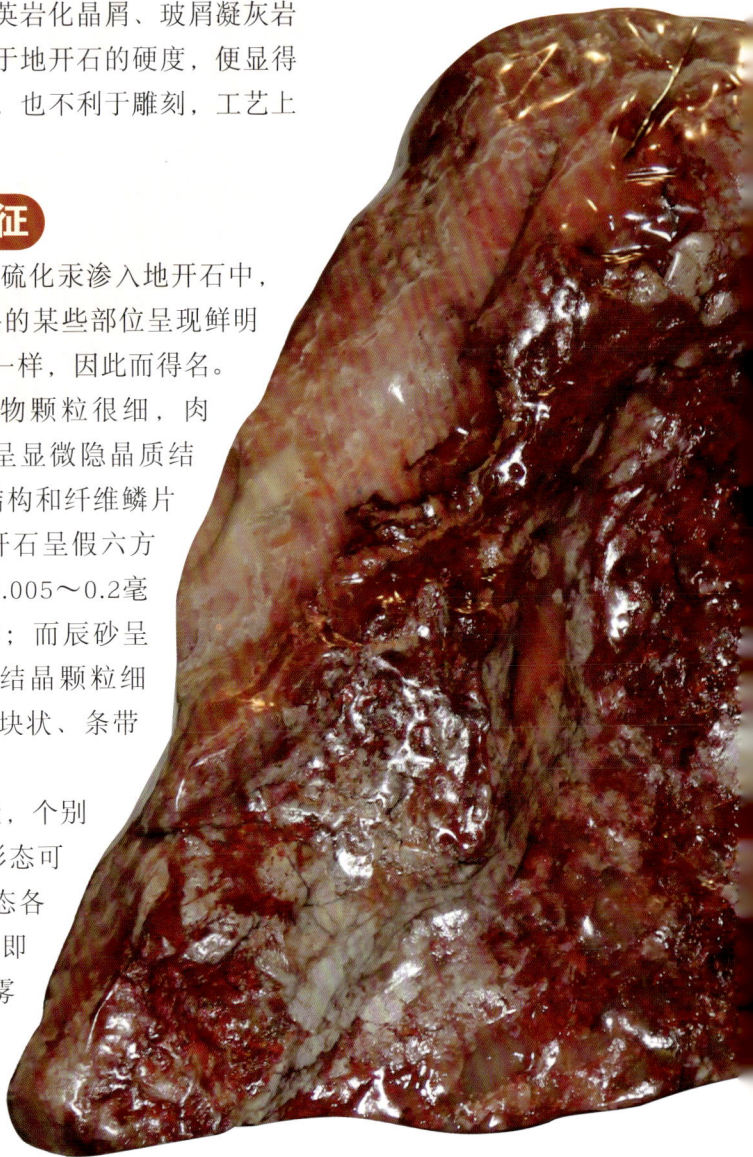

状，血很薄。而团块状则是指辰砂微粒呈团块状分布于鸡血石的地中或辰砂与"地"融为一体，血深厚。

巴林石除了色彩丰富之外，还有不透明、微透明、半透明等质地，如果是纯净无瑕的冻石，那也是非常难得的上品。巴林石中的水草冻石一直是个谜，一块石头上会有黑、黄、红等各种颜色，各色水草在晶莹剔透的冻石底上，像海底的珊瑚，美艳绝伦。

除了鸡血石外，巴林石以冻石为贵，越纯越透的越值钱。巴林冻石细腻清亮，有透明和半透明两种，冻石种类是巴林石里种类最多色彩最丰富的，像巴林黄、芙蓉冻、羊脂冻、牛角冻、虾青冻都是珍贵的，近年来巴林冻石的价格也一路走高，上好的巴林冻石一斤也要上万元。

石来运转·巴林鸡血原石

尺　　寸 25厘米×18厘米

鉴石要点 殷红的鸡血遍布整块原石，地子呈粉色，微透明至半透明，温润晶莹，恰似一朵盛开的红芙蓉。

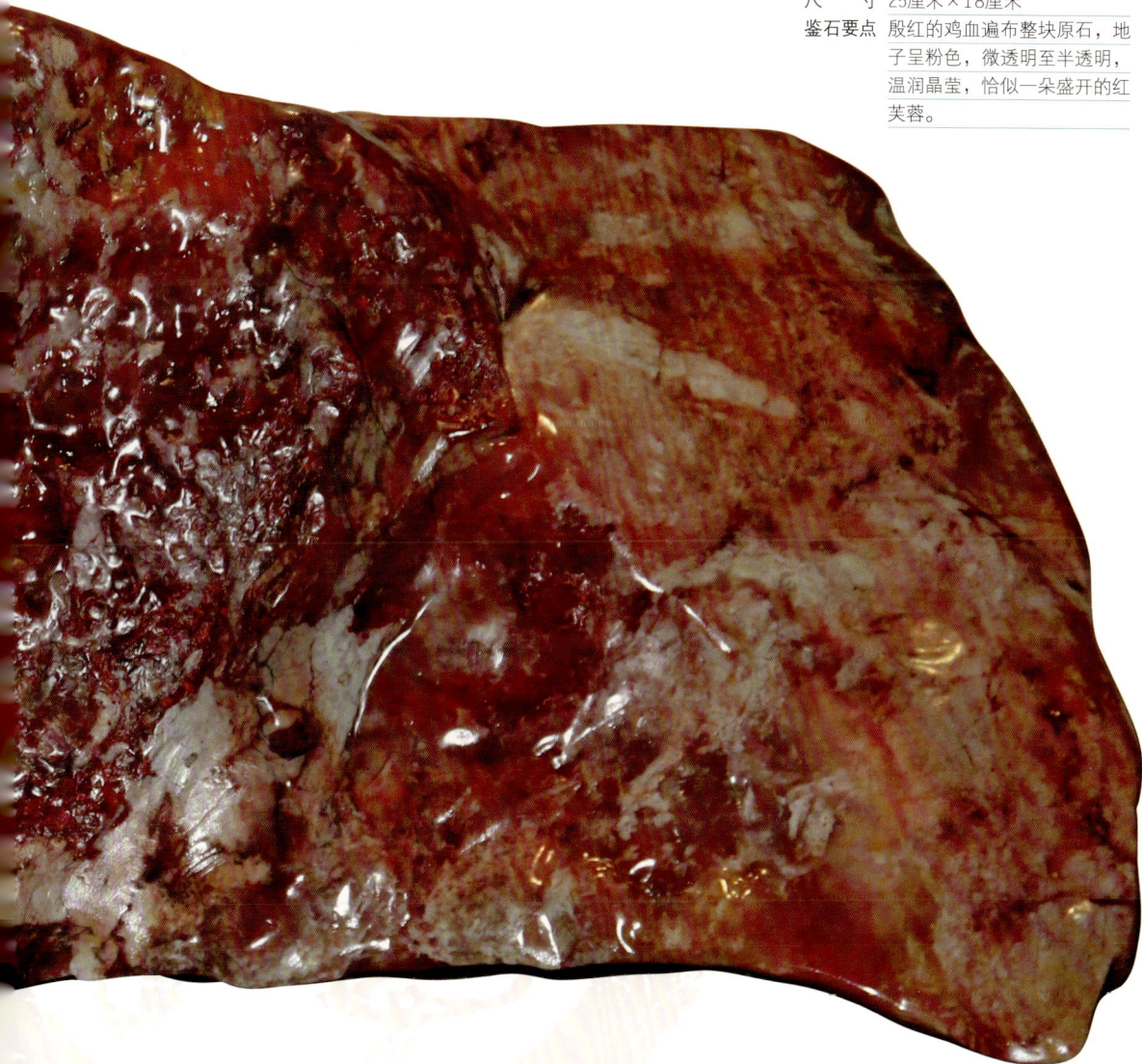

巴林鸡血石的分类

鉴赏巴林鸡血石的高下，主要看石头的质地与血色。巴林鸡血石零星散布于各类彩石矿体之中，质地的变化比昌化鸡血石更加丰富。巴林鸡血石多依据质地透明度和色泽的不同来分类，常见的有：玻璃地、肉糕地、彩霞地、白玉地、彩石地、瓦砾地、凝墨地等品种。

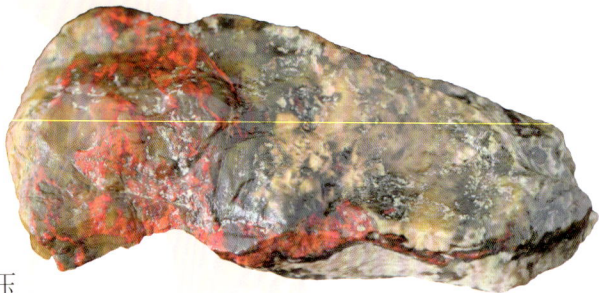

巴林彩霞地鸡血石原石

尺　寸　8厘米×6厘米×3厘米
鉴石要点　黑色的地子上布满条条缕缕的鸡血，黑中透红，宛如落日时分的晚霞，更映衬出鸡血的美艳。

〔玻璃地鸡血石〕

石头的质地像玻璃一样透明，光泽丰富且明亮，石质坚硬，分布在石上的血色浓艳纯正，就像一滴一滴的鲜血落在玻璃上。

〔肉糕地鸡血石〕

石头看起来像蒸熟的肉糕或藕粉糕一样，质地多呈灰色半透明状，温润细密。分布在石头表面的血斑浓重艳丽，其中以能凝结成块状者最佳。

巴林水草冻鸡血石素章

尺　寸　5厘米×5厘米×8厘米
鉴石要点　水草冻鸡血石为巴林鸡血石中的奇特名品，最有气氛和情调。特点是以白色、浅黄色或粉色的冻地为主体，冻地内仿佛长出一束束天然的水草，临风飘摇，可谓奇观。

〔彩霞红鸡血石〕

彩霞红鸡血石是按照鸡血的颜色来命名的，这种鸡血的颜色就好像草原上夕阳西下时，漫天飞舞的彩霞一般绚丽，五彩斑斓，千姿百态。彩霞红是巴林鸡血石中的名贵品种，在白色的地子上渗透着红色云霞状纹理，丝丝缕缕，不需要雕琢就是一幅很美的画卷。

〔白玉地鸡血石〕

石头的地子就好像白玉一般的鸡血冻石，其质地也如凝冻的羊脂，白嫩细腻。石头表面的鸡血聚散有致，血迹斑斑，红白相映，娇艳无比。

〔彩石地鸡血石〕

鸡血分布于巴林各种彩石肌体者均可称为"彩石地鸡血石"。也可以按质地的色相取名，如黄地鸡血石、象牙白鸡血石等。

【瓦砾地鸡血石】

石头的质地粗硬，砂点混杂，性坚硬，难于受刀，但这类石头上的血红往往成团块状堆积，血面鲜艳无比，红光照人，受到石头爱好者的青睐。

【凝墨地鸡血石】

也叫"水墨地鸡血"，石头的质地浓黑，微透明，血斑多凝结成团块状，色彩对比强烈，特别夺人眼球。

【八九六】

此种鸡血石的得名与其被发现的时间有关系，1989年6月中旬在巴林石矿西部矿脉中工人们开采出了一批此前少见的鸡血石材，这种石材的石质坚硬圆润，石性细腻，颜色鲜艳明丽，主要以红、白、黄三色冻石为主，浓艳的鸡血红如水流一样蜿蜒在石头表面，极为壮观。

当时发掘出的这批巴林石材不但血好，包括无血的冻石也是巴林石中的绝佳之品。石色以红、白、黄为主，纯洁干净，完全具备了石品"温、润、细、腻、凝、结"的六德。因此，业界人士都约定俗成地将这一批石材叫做"八九六"。

【刘关张】

一块石头上白、红、黑三色集为一体，且分界明显，红为鸡血，黑为牛角冻，黄为巴林黄，其间没有杂色。

赏石界将其比作三国中的人物——刘备（白）、关羽（红）、张飞（黑），这种叫法用用

巴林粉冻鸡血石素章

尺　寸　5厘米×5厘米×10厘米
鉴石要点　色彩鲜明艳丽，色调柔和凝重。质性温润、细腻、晶莹，富红艳之美，俏丽之姿。

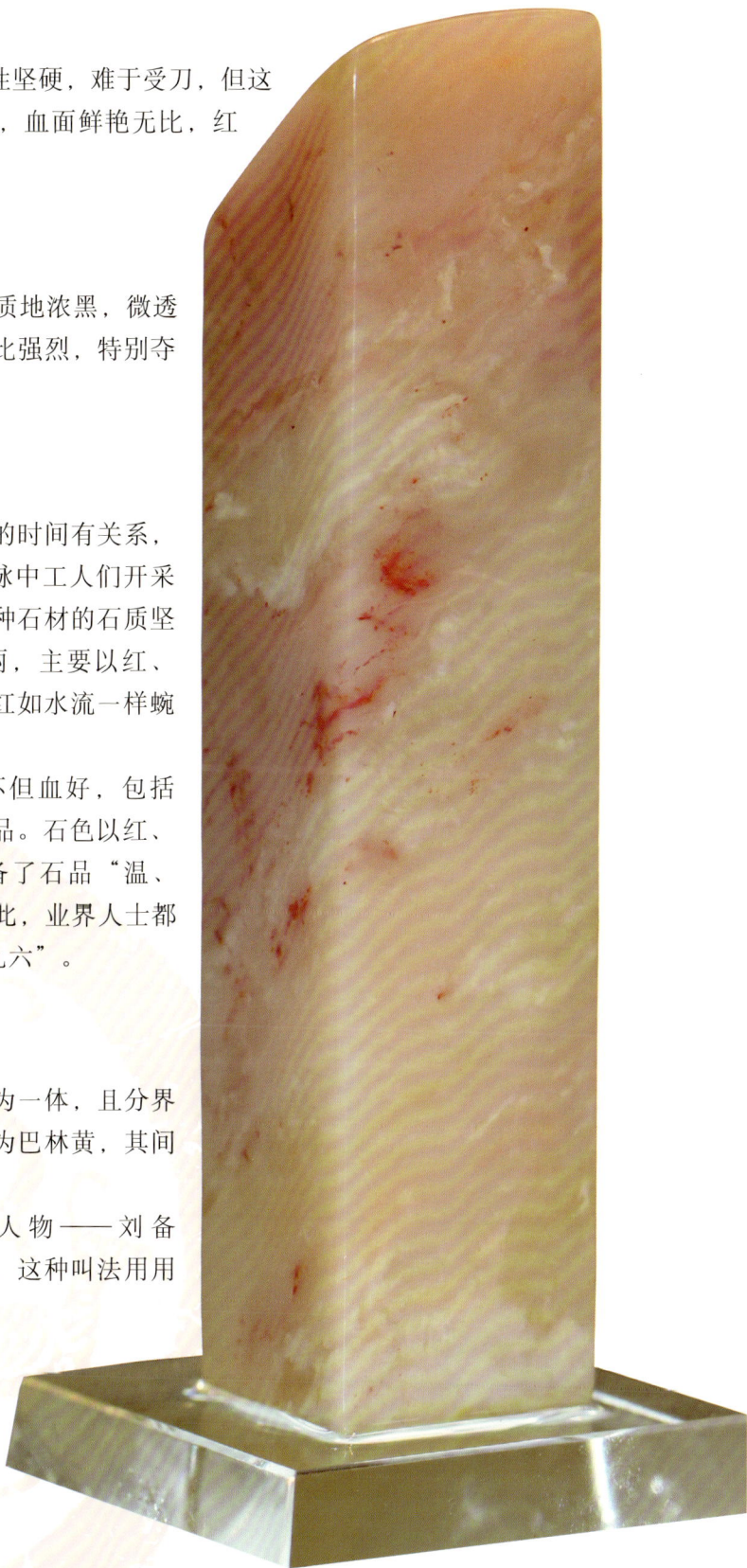

王者归来·巴林鸡血石王

尺　　寸　51厘米×34.7厘米×27.4厘米

鉴石要点　巴林鸡血石中最引人注目的极品，此石头重34千克，墨赤分明，血色鲜艳欲滴，无论质地、纹理、血色、光泽，凡上乘石料所具有的优点都集"鸡血石王"于一身，被视为"珍品瑰宝"。它的血色呈鲜红色，似滴上去的鲜血，自上蜿蜒流下，线条清晰，动感极强，加之黑色的牛角冻质地，把鸡血显得更加鲜艳，所谓墨赤分明，黑色更好地衬托出了鸡血的线条。巴林石博物馆藏品。

平川·巴林刘关张鸡血石

尺　　寸 2厘米×11厘米×7厘米

鉴石要点 一般将鸡血石中在黑白地子上布有鸡血，其面积比例又大致相当的称为"刘关张"，此名出自三国人物：白色代表刘备、红色代表关羽、黑色代表张飞。

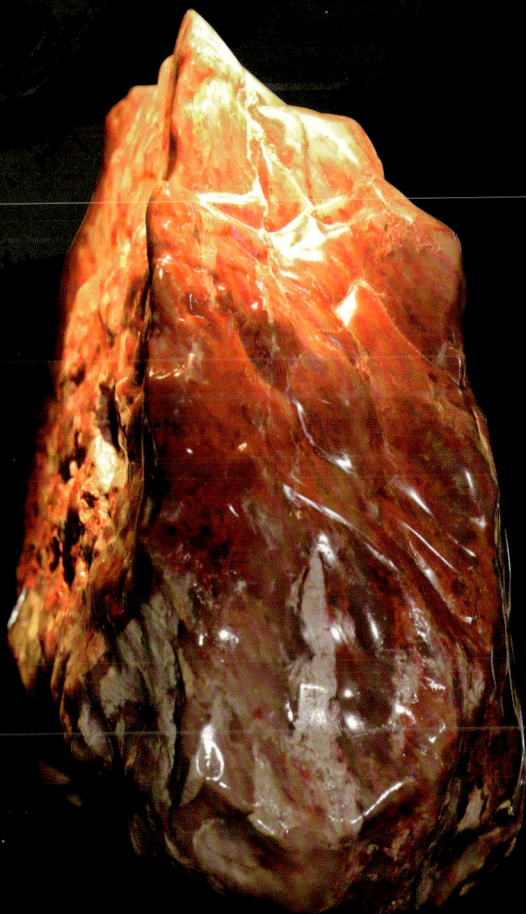

旭日东升·巴林大红袍鸡血石

尺　　寸 30厘米×40厘米×20厘米

鉴石要点 此石质地明朗清爽、冻透晶莹，给人一种冰爽、清凉的气息。鲜红的血脉似狂风暴雨般挥洒而下，虽然未经雕琢，但仍给人以独特的艺术享受。

来寓意朋友兄弟间同生死共患难的情谊。在观赏这类石头的时候，要注意白红黑三色的分界须清晰，在整个石面所占的比例不能太悬殊。如果完全符合上述条件即为刘关张，这种石头可称为珍品中的珍品。

【水草冻鸡血石】

黑白的地子构成水草一样的图案，再佐以点点滴滴的血红，也像海底的珊瑚。巴林鸡血石中这类品种较为少见，尤其地子润，水草花鲜明生动，血色艳而分布匀称者更为罕见。水草冻鸡血石既是鸡血石品种中的上品，又是观赏美石中的佳品。

除了上述种类外，还按照地子以及鸡血的颜色分为夕阳红、翡翠红、牡丹红、瓜瓤红、鱼子冻地、瓷白地、福黄地、牛角地、芙蓉地、花生糕地、花玉地、朱砂地、红花地、紫云地等种类。

巴林鸡血石的品评

过去有句话叫"乱世藏金，盛世藏玉"，和谐社会，玉石自然迎来新的收藏投资热潮。中国人喜欢红色，红色被认为是代表着热情、勤奋、能量、权威等含义。巴林鸡血石的红艳正好顺应了人们对红色的喜爱，所以倍受青睐，近年来在各大拍卖场上均有巴林鸡血石的身影出现，且身价也是与日俱增。一块小印章，动辄数十万元，稍大的则更是百万、千万元。

价格高了，买的时候就不能含糊，除了洞悉市场行情外，一定还要掌握鸡血石的评价标准，提高自身的鉴赏能力，只有这样才能在市场上游刃有余。

巴林鸡血石的价格不像家电、食品一样，并没有固定的指导价，常常因地、因人而异，浮动很大。但是，经过数十年的发展，市场也建立了一定的评价标准。评定巴林鸡血石的质量与等级，业界主要从石材的质地、鸡血呈现的形态与含量的多寡、色泽的浓淡程度等多方面来比较和考量。一般来说，如果石材的血色明亮红艳，血线宽厚甚至成块状堆积，且质地温润细腻、纯洁通灵者，被称为"上品"。与之相反，那些色彩暗淡黝暗，石头质地布满砂钉的为"下品"。

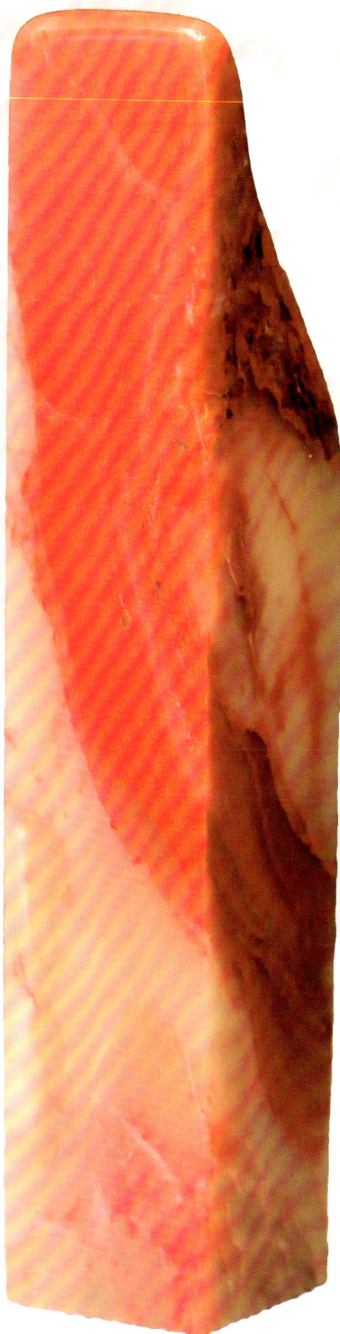

巴林胭脂红鸡血石素章

尺　　寸　2.3厘米×2.3厘米×9厘米

鉴石要点　石头的冻地上透出令人心醉的浓浓绯红，十分鲜活艳丽，一眼观之，既粉艳花红，又宁静柔和，显得气质高雅，魅力非凡。

【颜色】

颜色首先是第一位的，因为鸡血石尊鲜红者为贵，品评鸡血石，首先是看"血"的红色，以其鲜、凝、厚为佳。鸡血石独特的血色是由它所处的独特地理环境、地质构造、地质变化和生成机理等原因造就的。

在强烈的地壳演变过程中，高温的火山熔液会将熔点低的岩层熔化，使含朱砂的火山热液与之熔合在一起，这样生成的鸡血石里外都有血色。

鸡血石的红色可分为鲜红、嫣红、深红、紫红，以鲜红为贵，嫣红次之，其他依次排列等级。另外也可按照血的形态分出：块血、条血、散血、点血等。如有两至三种血形自然地结合于一体，血色、血形俱佳，花纹奇特，可构成自然风景或图案，则更有收藏价值，而那种死板呆滞的干红价格就大打折扣。

【血量】

看血量，鸡血石讲究血量不仅要多，而且要分布集中。一般一块石头含70%的血量即被认为上品，70%到80%之间被誉为"大红袍"，80%以上为极品鸡血石。

巴林鸡血石的血色分布没有规律，有的块石表面上有一大块红色，里面却一点红都没有；有的则恰恰相反。古人所谓"全红为上"，即指全血方章或六面有血的方章为上品，而四面红、三面红、单面红依序次之。

【硬度】

由于鸡血石绝大多数是用来篆刻印章或雕刻摆件使用的，因此硬度很重要。同等条件下，硬度越低的越利于雕刻，而且石质更细腻温润，价格自然就高。一般把硬度低于3度的鸡血石归为软地，硬度高于3度的称为硬地。鸡血石里又硬又干红的品种较差，达不到收藏级别。

【质地】

鸡血石的质地是判断鸡血石的重要依据。鸡血石的质地，也就是"地子"，指的是血凝结于什么样的质地和颜色的石头之上。

巴林龙血红鸡血石方章
尺　寸　3厘米×3厘米×18厘米

巴林水草鸡血冻石对章
尺　寸　5厘米×5厘米×18厘米

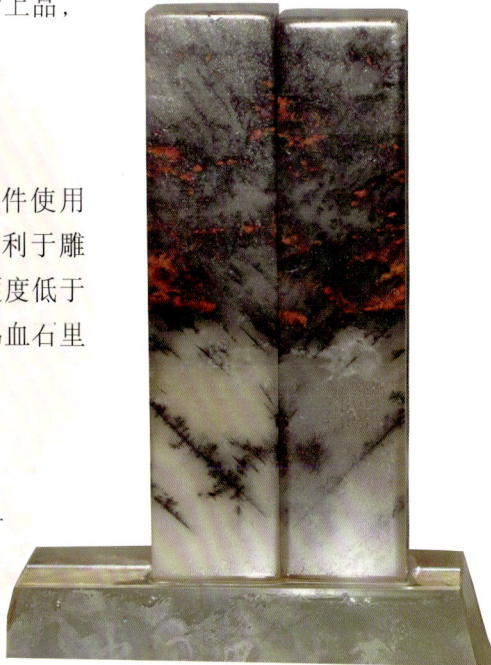

地子好的鸡血石温润无杂质，色纯净柔和，能把鸡血衬托得格外艳丽。鸡血石的地以纯净、半透明，无砂钉，与血之鲜红色彩交相辉映者为上品。鸡血石的品样可分为方形、长方形、椭圆形、圆形、畸形，尺寸大致以5～2厘米的径边为宜。鸡血石的血的形状有"块血"、"条血"、"梅花血"、"浮云血"等诸多叫法，大致可分为团块状、条带状、云雾状、星点状四类，其中以团块状为贵。

鸡血石的质地细腻，且带韧性，结构紧密，受刀不崩，是做印章的上佳材料。上好的鸡血石都不加雕琢，因为在红色的"鸡血"以外，底色尚有黑、白、黄、绿、蓝、灰褐、紫、青等基本颜色，再加上浓淡深浅不一的各种色彩相互融合，天然浑成，不需人工雕凿，已经构成一幅幅自然美丽的图案。

九龙壁·巴林芙蓉红鸡血石

尺　寸　66厘米×4厘米×18厘米

鉴石要点　此石地粉血红，血面形成火焰，起伏强烈。九条神龙横穿云彩，上下起舞，给人以震壁欲飞的感觉。工艺在传统浮雕技法上又吸收了牙雕、木雕等雕刻技法，浑然一体。巴林石博物馆藏品。

仙鹤灵芝·巴林羊脂地鸡血石

尺　　寸　11厘米×16厘米

鉴石要点　石质凝结冻透，油润感十足，就如凝固的羊脂一般。配以仙鹤灵芝的图案，寓意健康长寿、人寿年丰。

巴林牛角冻鸡血原石

尺　　寸　5厘米×16厘米

鉴石要点　质地通透莹润，黑色的牛角冻地上一道道血色掠过，犹如惊鸿一瞥般令人惊艳。

巴林鸡血石的辨伪

目前，巴林鸡血石也只剩一些尾矿产出，而且新坑开采出来的鸡血石在质量上远不如老坑。鸡血石的资源日渐枯竭。东西少了，喜好的人却越来越多；资源紧缺，喜好的胃口却越来越高；人们投入的资金却越来越大……市场因此而澎湃。翻滚的波涛下总有暗流汹涌，丰厚的利润促使一些人干起了作伪的勾当。于是乎，传统的造假手段恢复了，启用了新的技术装备，鸡血石市场如同其他宝玉石市场一样，也是水深似渊，水浊如泥，上当受骗者比比皆是。

现在的造假手段主要有镶嵌法、浸渍法、切片贴皮法和添补法。虽然手段不一样，但目的都是为了使石头呈现出美妙的红色。这其中，有的是将根本不是鸡血石的石头假造成鸡血石，有的则是将成色不是很好的下品鸡血石伪造成高端石材。所以在鉴别的时候，既要对各种鸡血石的通性有了解，也要对造假方法有一定的涉猎。如笼统来说，真的鸡血石通常带有水银斑及少量的石英颗粒突起于石表面；假鸡血石通常没有水银斑，色度深浅不匀，线条粗细不一，花纹不自然。一般而言，如果以纱布细磨，真鸡血石材会呈粉状而有朱砂红现象，假石则没有。

巴林鸡血石的鉴赏

总体来看，鸡血石的珍贵与否是与血色多少成正比的，血色越多、越饱满，石头越值钱。同等条件下，规格大小、质地、透度，有无瑕疵也是区别其价值高低的关键因素。若是保养不好已经"跑血"的鸡血石身价就大跌了，所谓"跑血"就是血色已变黑或已掉得很淡很灰。巴林鸡血石市场繁杂，这更需要藏家擦亮眼睛，在鸡血石的材质、分量、纹路、雕刻工艺等诸多方面做功课，细细研究，认真鉴别，藏己所爱，学己所藏。鉴别赏析鸡血石真假，一般用眼观、手感、打磨刻画等方法判别真伪。

松鹤延年·巴林粉冻鸡血石

尺　寸　60厘米×60厘米

鉴石要点　鹤的寿命一般在五六十年，是长寿的禽类。松鹤延年寓意青春永驻、健康长寿。

巴林龙血红鸡血随形石

尺　寸　11厘米×18厘米

鉴石要点　通体鸡血分布均匀，石质细腻油润，颜色红里透黄，既高贵又霸气，属于难得的佳品。

【眼观】

假鸡血没有银斑，色度深浅不匀，线条粗细不一，花纹不自然，排列不符合鸡血赋存规律，肉眼细观极易区别。

用聚光手电筒照射石头表面，如果其红色出现波光流溢的幻彩景象，则为真鸡血石，被称为"活血"，如果没有波

巴林大红袍鸡血随形石

尺　寸　14厘米×19厘米

鉴石要点　在光的照射下，血脉有如铺天抛下的"血网"，气势磅礴，生机盎然。整块石头遵循"大朴不雕"的原则，未加任何人为的雕饰，原始的淳朴与真切将鸡血石的美诠释得更加纯粹、自然。

光流溢的状况，很有可能是假货，也可能是鸡血石中等级比较低的产品。真鸡血石表面一般都比较细腻平坦，没有太多孔洞；而造假的鸡血石往往采用浸渍法染色，时间一长，表皮的毛孔就会变粗，用放大镜仔细观察其表面会发现细小的针眼，遇到这类石头需要多留心，因为其可能是假货。真鸡血石的红色是由内而外立体分布，很有层次感，颜色渐变的过程也比较有层次。而假鸡血石的红色一般都呈现在一个表面，缺乏层次感，渐变过程也比较散乱，造假迹象明显。

【手摸】

有的鸡血石用塑胶化合物假造，完全没有石感，用刀刻也没有石屑粉。用砂布细磨，真鸡血石材会呈石粉状而有朱砂红之现象，化合物则没有；用刀雕刻，假鸡血石下刀后呈塑质之卷曲碎屑，能感觉出来；用火烧，假鸡血石会有烧焦的胶臭味，真鸡血石则不会。另外，鸡血石的硬度很低，比重也只有2.6上下，用牙

巴林肉糕地鸡血石章

尺　　寸　3.2厘米×3.2厘米×9厘米

鉴石要点　石质细腻，材质明亮，血线虽简约，但耀目精彩，有空灵、深远的意境。

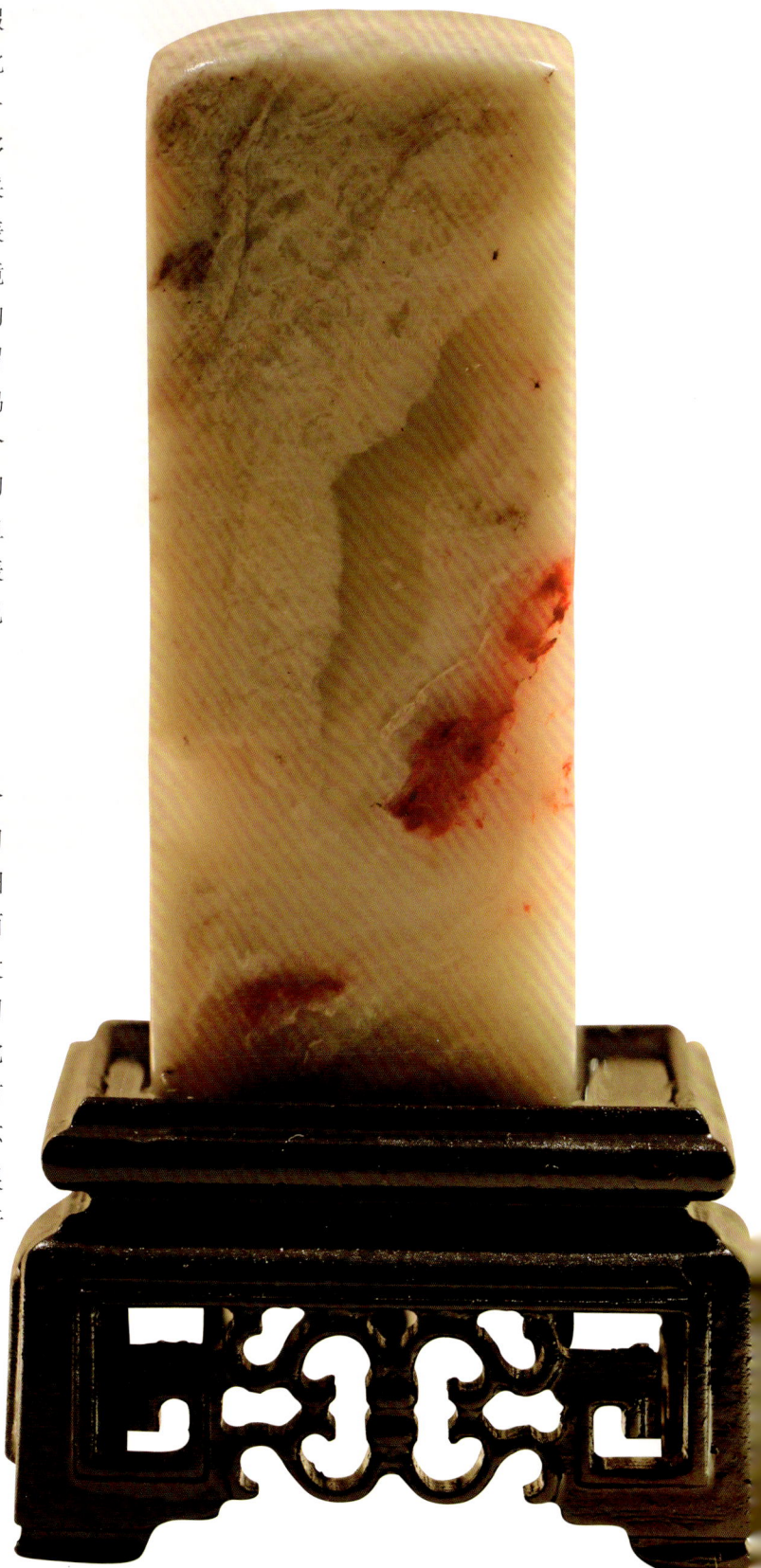

齿咬其表面或用刻刀划其表面，都会留下印痕。而外形与鸡血石类似的铁矿石、石英石硬度都比较高，牙很难咬动。

【重量】

鸡血石的密度是稳定的，大致在2.4～2.7克/立方厘米之间，所以重量也是相对稳定的。有经验的人通过用手掂量就能判断出石材质地内外是否一致，如果鸡血石石材内部包裹着大量的硬性石块，其重量肯定会高于同体积的真料；反之，如果里面包裹的是塑料、树脂等物质，其重量必然会小于同等体积的真料。

为了规范市场，2007年3月，内蒙古自治区质量技术监督局颁布实施了"DB15/T325《巴林石》标准"，这一标准规范了巴林石的名称、等级、生产、加工、包装等，使巴林石在分类和确定价格等方面做到了有章可依，同时也作为巴林石从业者在欣赏、收藏等活动中的参考依据之一。

表1　巴林鸡血石品级特点

名称	等级	技术要求						
		血色	血量	质地	瑕疵	质量	硬度	密度
鸡血石	特级	血色鲜红、艳丽，达到S_1和S_2。	血面大、血色集中，血色面积应达50%以上，达到L_1。血面形状奇特的，不计面积。	质地纯净细腻、温润、结构均匀。达到D_1。	无杂、无绺、无裂。达到W_1。	原石大于等于0.3，成品不要求。	2～4	2.4～2.7
	优级	血色鲜红、艳丽，整体略逊于特级。达到S_3。	血面大、血色集中，血色面积应达30%~50%，达到L_3。血面奇特的，不计面积。	底色稍混杂，结构均匀。达到D_2。	无杂、无绺、无裂。达到W_1。		2～4	2.4～2.7
	一级	血色暗、淡。达到S_4。	血色面积较小，血色面积应达10%以上，达到L_4。	质地略粗燥。	略带有有杂质和绺纹。达到W_0。		2～4	2.4～2.7
	二级	底色混杂，血色浅、暗。达到S_4。	血色面积小且分散，不计血色面积，达到L_4。	质地粗燥。	有杂质，绺纹较多。达到W_3。		2～4	2.4～2.7

注：质量单位为kg；硬度单位为摩氏硬度（度）；密度单位为g/cm³。来源：《巴林石标准》。

巴林福黄石

巴林福黄石是巴林石中的又一个品种，为纪念当时因采石而致残的采石班长刘福，遂命名为"巴林福黄"。巴林福黄石同巴林鸡血石类似，是一种变质岩，历经数千万年前的巴林石矿一带的火山活动和岩浆充斥岩石裂隙，与围岩和表土交融凝结和晶化，再经过漫长的矿化反应，加上自然的造化等因素后，形成了巴林福黄石。

巴林福黄石的美丽传说

黄颜色自古以来就和中国传统文化有着不解之缘：中国的人文初祖为"黄帝"，华夏文化的发源地为"黄土高原"，中华民族的摇篮为"黄河"，炎黄子孙的肤色为"黄皮肤"。

"黄"是"五色之母"，足见"福黄"之尊贵。就石头的质地来说，福黄石和浙江昌化的田黄石极为相近，难分伯仲，被业界称为"姊妹石"，行业内有"南有田黄，北有福黄"的说法。

不过，福黄石与田黄石两者的矿物成分不同，福黄石为高岭石，田黄石为地开石。福黄石质地透明而柔和，坚而不脆，色泽纯黄无瑕，集"细、洁、润、腻、温、凝"六大要素于一身，可谓珍贵至极，金石界将其评价为"一寸福黄三寸金"，足见其身价不菲。

巴林福黄石的分布

巴林石的矿址在巴林右旗查干沐沦苏木境内的特尼格尔图山，位于旗所在地的北部，穿过呼特勒沟，跨过沙布尔台河，经沙布尔台苏木，过查干沐沦苏木边界向西7千米，便到了矿山所在地。矿山主要分为5个采矿区。

第一采区的面积大约为0.8平方千米，从1978年开始大面积开采。第一采区出产的矿石品种较多，且档次较高。巴

木兰魂·巴林鸡油黄福黄石

尺　寸　5厘米×15厘米

鉴石要点　石质细腻油润，通体金黄，犹如凝固的鸡油。雕刻题材选用北魏时期代父从军的花木兰，造型独特，构思巧妙。

林石各大种类的大多数品种都出自这一采区。第一采区伴生有高岭石、地开石、汞矿石、明矾石。鸡血石产于该区的二号、三号、十号采坑，福黄石产于一号采坑。

第二采区的面积大约为0.7平方千米，该采区从1975年开始大面积开采。第二采区的矿脉稀疏，延续性也不好，大部分矿脉较薄，矿石品种有红花石、青白石，还有少量冻石。

第三采区的面积大约为0.3平方千米，矿脉稀疏，主要品种有青白石、少量红花冻和其他冻石，还有特殊的以白料为主体的黄皮石、很少量的鸡血石。伴生有大量的高岭石、明矾石。

第四采区的面积约为0.2平方千米，矿脉较少，但矿脉延续性好、厚度大，主要矿石品种以彩石类和图案石类为主，同时还出现少量冻石和鸡血石。伴生有大量的高岭石。

第五采区的面积约为0.3平方千米，主要出低铝含量的高岭石，也开采出过很少量的巴林石，但品种较为单调。

司马光砸缸·巴林福黄石

尺　　寸　30厘米×27厘米

鉴石要点　石质细嫩凝腻，如脂如膏，题材选用司马光砸缸的典故，几个孩童的神态各异，动静结合，栩栩如生。

五个采区的外围是生活区和封禁区，经过多年的建设，生活区已初具规模，客商和游人可在这里食宿。封禁区草木繁茂，有数百种草本植物，偶尔可见野生动物出没，还可拾到古代的巴林石残片，已成为赏石旅游的重要组成部分。

巴林福黄石的矿物成分

福黄石具有巴林石的一般特征，如：含水量较高，色泽丰富，通灵莹润。半透明状的黄冻石更是难得的珍品，但是如果保存不妥，温差变化大，置于风口阳光处等地容易开裂见绺。

巴林福黄石的主要成分是水铝石并含有一定量的地开石，保留了矿物质固有的黄颜色，并浸入了少量褐石碳矿质等。水铝石是一种铝的氧化物矿物，大多为白色、灰色、无色，含杂质时可呈红、褐等颜色。在显微镜镜下观察浸染有大量的褐铁矿，使巴林石整体呈现黄色。

巴林福黄石的基本特征

巴林石有两大亮点，一红一黄，红是鸡血，黄是福黄。巴林福黄石以脉状产出，质地莹润细腻，无一定的形状。与寿山田黄不同，其内部肌理少见萝卜纹，没有表皮。不论是制成艺术品还是自然观赏，巴林福黄石在打磨抛光后均呈透明或半透明状，色泽有蜡黄、浅黄色、油黄色等，自然呈现油光色。

巴林福黄石的分类

在巴林石中，凡主体呈黄色且透明或半透明的石种均成为福黄石，并按其纹理、颜色等又可细分为20多个品种，包括水淡黄、黄中黄等。

巴林福黄石常见的按照颜色可细分为金黄、金鸡黄、黄金黄、黄金冻、橘黄、金包银等，低档次的有山黄、栗黄等。

〔鸡油黄〕

这种石料通身呈鸡油般明亮的黄色，故称为鸡油黄，属福黄石中的绝品，非常难得。优质鸡油黄石料，色彩均匀，光泽晶莹，温润凝重，抛光后似被酥油浸透过

松鹤延年·巴林鸡油黄福黄石

尺　寸　10厘米×17厘米

鉴石要点　苍松翠柏，几只仙鹤盘旋其上，树下的童子与老叟则各得其乐，一派其乐融融的景象。

一般，娇嫩雅洁，手感滑爽细腻，异常典雅华贵。该品种是在较封闭的环境和中低温度条件下形成了较纯正的水铝石，褐铁矿非常均匀地分布其中，形成了温润的质地和淡雅的光泽。由于鸡油黄颜色艳丽，色彩均匀、纯正，极为名贵，故当地有"鸡血易得，油黄难求"之说。

蜜蜡黄

其颜色黄如蜜蜡，加工后表面具有明显的蜡状光泽，因而称之为蜜蜡黄。蜜蜡黄石质晶莹润泽，通灵度极强，材质圆润饱满。蜜蜡黄的形成过程同鸡油黄一样，主要是因为褐铁矿的含量较多，因而颜色黄中有红。蜜蜡黄也属巴林石中的上品。

黄中黄

颜色黄中有黄，浓淡交错，有轻有重，交相映衬相得益彰，尽显大漠草原的雄伟壮丽，故得名黄中黄。此种石材石质油润、细腻，多数呈半透明状，外表不同的黄色是由于内部褐铁矿分布不均匀造成的，局部集中的地方形成了深黄，不集中的地方形成了浅黄，由于纹理丰富，容易形成各种图案。2001年，中国政府送给参加亚太经合组织年会的各国首脑的印章，就是用此品种制作的。

水淡黄

色泽黄而不艳，淡而不浊，如一洼清水放进了几匙染料，不知是黄染了水，还是水淡了黄故名水淡黄。该品种的形成同鸡油黄和蜜蜡黄一样，由于含褐铁矿少，是福黄石类中颜色最浅的一种。

降龙罗汉·巴林福黄石

尺　寸　16厘米×21厘米

鉴石要点　罗汉额骨宽隆，面相威严，嗔目圆睁。身披禅衣，端坐蒲团上，左手持珠戏龙。龙盘左膝上，昂首望罗汉，与罗汉神威之气相映成趣。

【流沙黄】

流沙黄是福黄石中的一个主要品种，色彩从浅到深，又由深到浅，形成了密密麻麻的晃点，簇拥着翻滚着，朝着一个方向流去，给人以沙欲静而风不止之感，因此有了很诗意的名字叫流沙黄。

流沙黄的石质略硬，属绵料，一般石块较小。流沙黄的形成原理是巴林石矿脉形成后受构造作用在矿脉上形成了一些密集的片理，其后充填了一些褐铁矿，最后产生韧性变形使其形成定向排列的构造形体，沿小脉体断续相间分布，形成像流动的沙子一样的图案。

黄流沙·巴林画面石

尺　寸　5厘米×5厘米

鉴石要点　石质细腻，油润感强，密密麻麻的黄白点均匀地分布其上，就如人的皱纹一般，见证了岁月的变迁。

【金末黄】

形同锯末的颗粒，均匀地散落在黄色的石面上，看似被弃，无所作为，却千载留驻，习习生辉，故名金末黄。金末黄石巴林石矿脉形成后，受构造破坏形成了较均匀的构造角砾，后期气水热液溶蚀不完全，残留了浅黄色的高岭石颗粒，并互相交叉，形似锯末状。由于图案较为特殊，对研究巴林石的生成很有意义。

金蟾·巴林福黄石

尺　寸　12厘米×6厘米

鉴石要点　三腿的蛤蟆被称为"蟾"，传说它能口吐金钱，是旺财之物，用福黄石雕刻而成的蟾，更是通体金色，旺气十足。

〔虎皮黄〕

该石浅黄色的地子上布满了深黄色的纹线，酷似老虎皮，望之生威，神韵十足，故取名虎皮黄。在福黄石的出产矿石中多数归于黄中黄品种，真正酷似虎皮、形成虎皮黄品种的极为少见，故此类石种也属于福黄石中的上品。该石的主要成分是高岭石，由于在形成过程中残留下了原岩色斑，所以生成了虎皮黄这一品种。

〔落叶黄〕

福黄的冻石地上分布着黑色的针叶状斑点，给人以金秋来高风吹落叶之感，故名落叶黄。落叶黄是福黄石中很少见的一个品种，在大面积的深黄或者浅黄的地子上散落着一缕缕的黑色的针叶状斑点，就好像在石头上人为地涂上了几笔深秋的景色，可谓神来之笔，意境深远。秋风时节叶落随行，那摇曳的昂然在记忆中逐渐褪去。鲜艳的色彩忽然间泛黄，还来不及回眸夏的葱绿，已经来了秋的凉意。落叶黄是在矿石形成过程中残留下了原岩色斑，其主要成分为高岭石，少量铁、锰成分形成了黑色的"落叶"。

巴林福黄石的鉴赏与辨伪

由于巴林福黄石埋藏在地表，储量低，再加上开采早，矿藏面临枯竭。目前市场上见到的也很少，所以价格不菲。因此，如何鉴赏珍品福黄石也就显得十分重要。鉴赏福黄石，首先要从福黄石油润、细腻和净透等特点上着眼。

童子戏佛·巴林福黄石

尺　寸　9厘米×16厘米

鉴石要点　石质温润细腻，色泽古朴沉着，石工精美。弥勒袒胸而立，喜笑颜开，造型生动，观之可亲；童子攀爬嬉戏，天真稚拙，惹人喜爱。

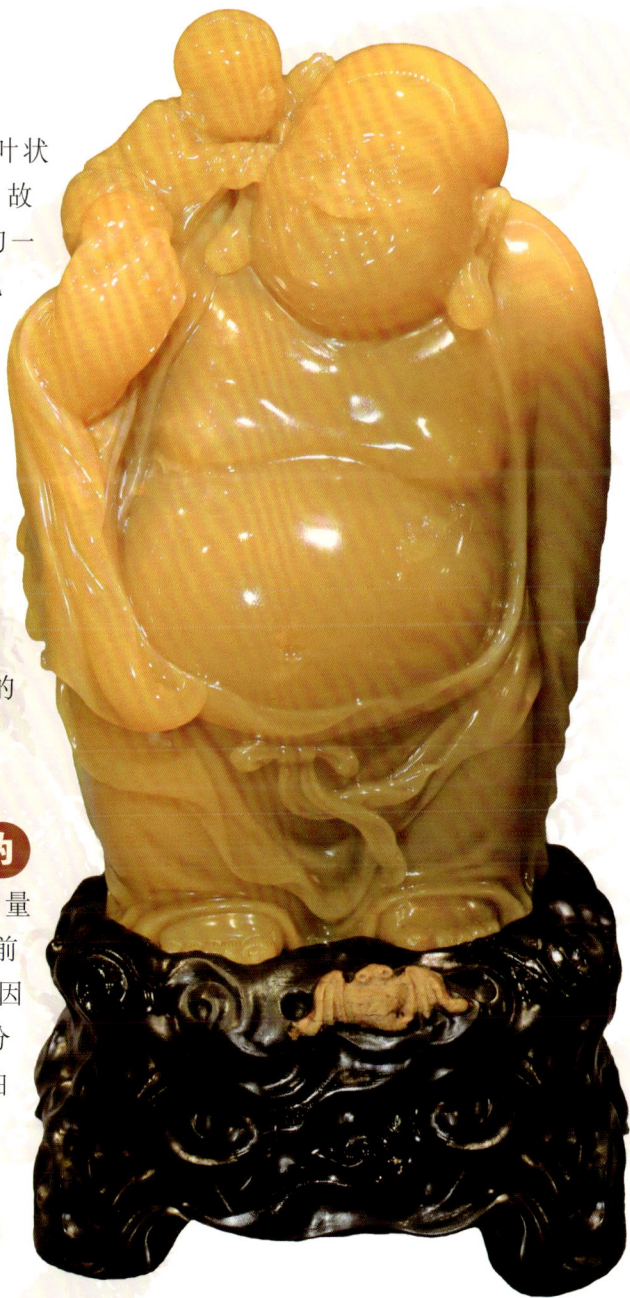

【色彩】

好的巴林福黄石的颜色要纯正、鲜艳、均匀，韵调一致，要浓就浓，要淡就淡，或者是不浓不淡。福黄石中以鸡油黄为贵，油汪汪的黄，细腻腻的地，是福黄石中的极品。颜色稍深的蜜蜡黄、颜色稍浅的水淡黄紧随其后，是福黄石中的上品。

【光泽】

福黄石常见油脂光泽和蜡状光泽，以油脂光泽为贵。

【地子】

地子洁净无杂，呈现透明或半透明状。

【质地】

首先看石质是否特别细腻，犹如提炼的鸡油脂一样而且润透。其二是看纹理，其纹理只有用40～50倍的放大镜才能看清楚，所有巴林石中都有点状的金属片，其他石种并不具备这一特点。

童子献寿·巴林福黄石

尺　寸　10厘米×25厘米

鉴石要点　整体线条流畅，细节处的刻画更是精美。活泼的童子与硕大的寿桃相映成趣，浑然一体。

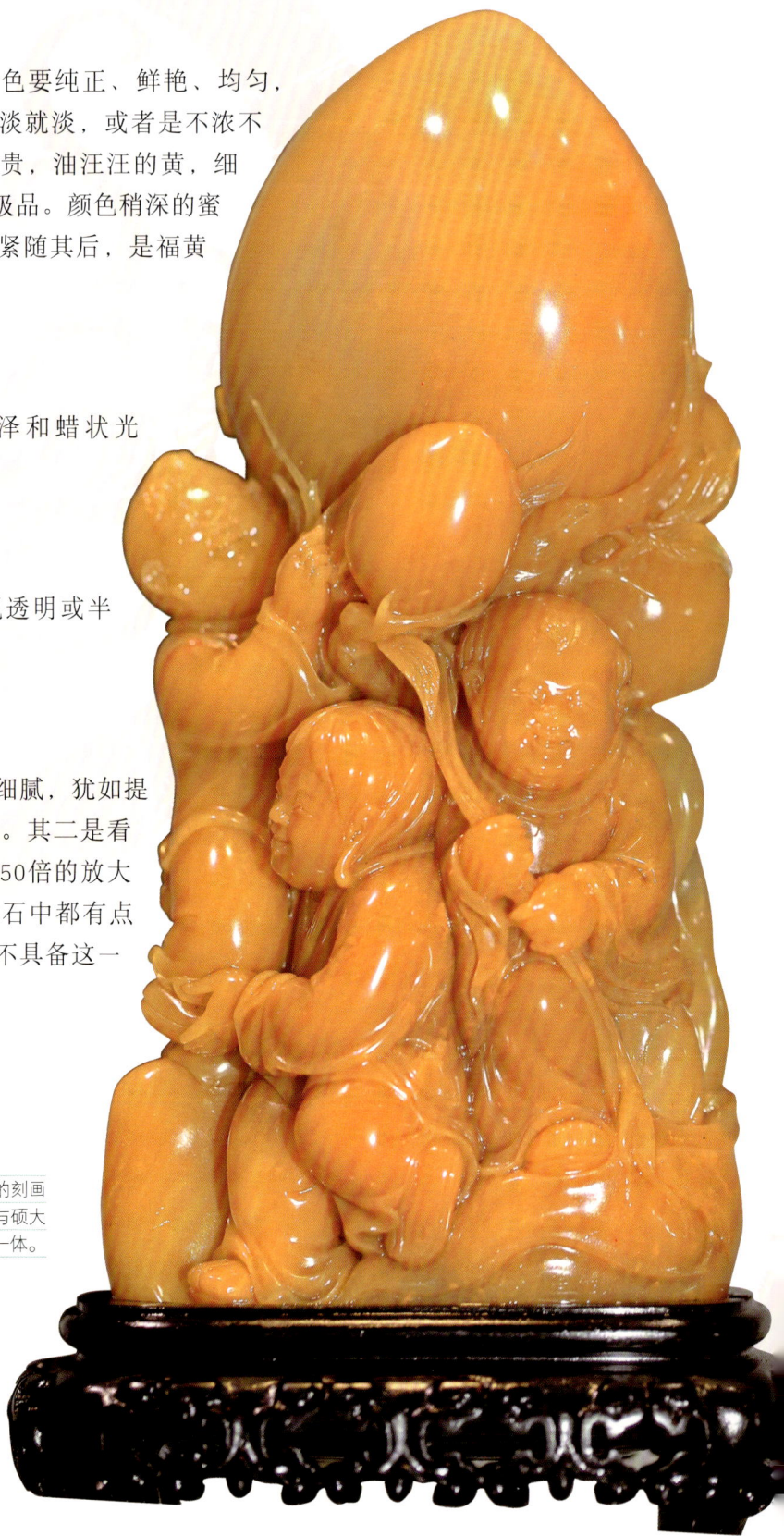

【手感】

用手抚摸，手感不滑不燥，不黏不浊，不冰不热。如果具备"洁、细、润、腻、温、凝"六德，便是珍品。

巴林福黄石的保养

福黄石的保养如同鸡血石一样，加工后要用水砂纸打磨，先用500号、1000号、1500号、2000号水砂纸蘸水顺次打磨，随后用3000号水砂纸，再换干净水进行最后一次抛光，然后用水或皮肤进行摩挲数分钟即可。在保养福黄石的时候不要上油或打蜡，因为上油后石头会有化学反应，不但不能保护好石头，还会起到破坏作用。

巴林福黄石与田黄石极其相似，两者均是极品、珍品，田黄石由于历史悠久，名气较大，起初在市场上福黄石常被混淆成田黄石，人们真伪难辨。

随着巴林石名气的日益增大，影响力愈加广泛，巴林福黄石作为其中的珍品，价值和名气也进一步攀升。目前市场上也出现很多赝品福黄石，有用树脂胶制作的，也有用一些外地石头充当的，不仔细看难以鉴别，这就需要在购买时仔细观察，确保万无一失再入手。

表2 巴林福黄石品级特点

名称	等级	技术要求					
		颜色	质地	瑕疵	硬度	质量	密度
福黄石	特级	纯黄色，橘黄色，蜜蜡黄色，水淡黄色。	质地纯净，结构细腻、温润，透明至半透明。	无杂、无绺、无裂。	2～4	原石大于0.3，成品不要求。	2.4～2.7
	优级	纯黄色，橘黄色，蜜蜡黄色，水淡黄色。	质地纯净，结构细腻、透明至半透明。	无杂、无绺、无裂。	2～4	不要求	2.4～2.7
	一级	纯黄色，橘黄色，蜜蜡黄色，水淡黄色。	质地略粗燥，微透明至不透明。	无裂，略有杂质和绺纹。	2～4		2.4～2.7
	二级	纯黄色，橘黄色，蜜蜡黄色，水淡黄色。	质地粗燥，微透明至不透明。	有裂纹，有杂质，绺纹较多。	2～4		2.4～2.7

注：质量单位为kg；硬度单位为摩氏硬度（度）；密度单位为g/cm³。来源：《巴林石标准》。

巴林图案石

巴林图案石是巴林石中的又一大类，也称巴林象形石、巴林观赏石或巴林奇石。巴林图案石是因为石头在形成的过程中由于地质作用交代不彻底，从而在石面上出现了千姿百态的景物图案，有极高的观赏价值。凡出现人物、动物、植物、自然景观等各种图案，部分质地、颜色，均归于此类。巴林图案石不仅具备了巴林石所有的特点、性质、色彩、纹理和光泽，还有图案、意境和神韵之美。巴林图案石天然具备了鉴赏石中的三大优势：一是以图像取胜，二是以纹理取胜，三是以色质取胜，这三点不同于巴林石中的其他种类。

笑迎天下客·巴林图案石

尺　　寸　15厘米×18厘米

鉴石要点　笑迎天下客，喜聚八方财。此石构图精妙，两块对章构成一张笑脸，面貌清晰，韵味十足。巴林石博物馆藏品。

巴林图案石形成的纹理及色彩

巴林图案石的形成是由于亿万年前火山熔岩的矿物成分经组合、沉积、凝结、蚀变反应后，四面形成了天然的色彩。这些图案惟妙惟肖，活灵活现，有的自然逼真，震撼人心；有的形体抽象，传神会心；有的意境深沉，回味悠长；有的色彩艳丽，耀眼夺目。

巴林图案石又称为美石，美就美在它的象形和神似，美在它所表现出来的内涵和意境，美在它不同的色彩、奇妙的纹理、晶莹的质地上。面对一块块充满诗情画意的巴林图案石，欣赏者尽管有着不同的心态、不同的视觉、不同的感悟，但都能从中寻求到艺术趣味，并得到一番天然美的享受。

巴林图案石的基本特点

图案石上的图案主要有人物、山水、花鸟、字等，其中人物图案最为少见，价格也最高，山水图案次之。月亮、太阳等图案最为常见。

巴林图案石的特点，首先是颜色吉祥。中国人喜爱吉祥色，已成为约定俗成的民风。人们不光在喜庆的日子用吉祥色，就是在装饰家庭和衣着上也善于运用吉祥色来改变自己的心情。红色、红褐色、黄色正是巴林图案石的主要色彩。

其次是图案具象。石上之物，无论是人、兽或花草，均栩栩如生如同实物的再现。人物的造型，比例既合理又匀称，而且衣着阔绰得体，显示出生活的富足和殷实。

巴林图案石的表现形式真切自然，内容生动，富有极强的感染力。尤其是它那"雅俗共赏"的亲和力和深厚的文化内涵，使其深得观赏者由衷的喜爱。

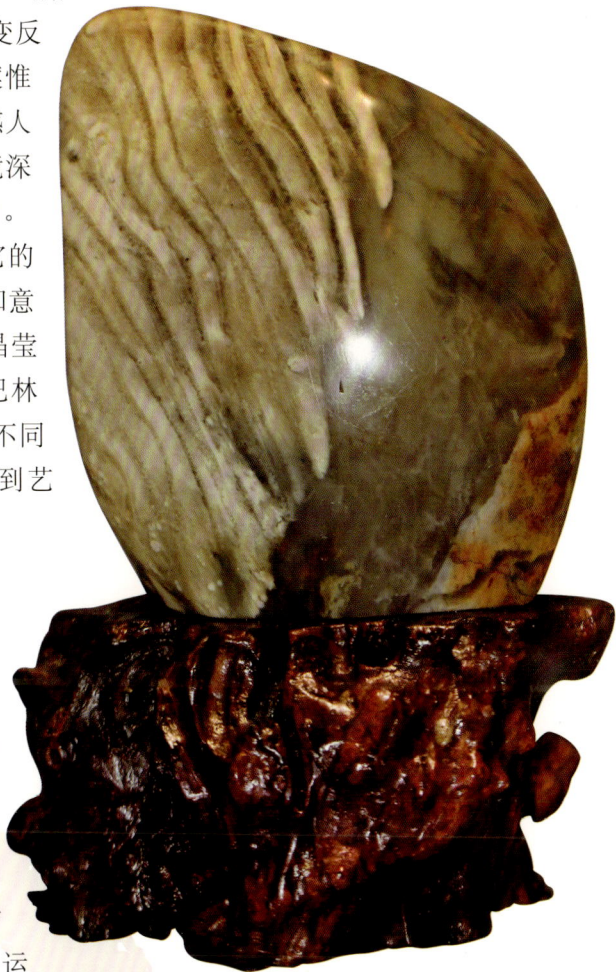

群蛇出洞·巴林图案石

尺　寸　12厘米×8厘米
鉴石要点　青白色的条纹既像是群蛇出洞也像是鱼群迁移，排列有致，造型生动，一种动感扑面而出。巴林石博物馆藏品。

巴林图案石的鉴赏与收藏

图案石以其丰富的造型，变化万千的形式和逼真的效果，使收藏者爱不释手。图案石虽说极易到手，但觅得一块上品之石也绝非易事。

湘竹·巴林湘竹冻图案石

尺　　寸　15厘米×18厘米

鉴石要点　唐代白居易的《江上送客》诗
　　　　　称："杜鹃声似哭，湘竹斑如
　　　　　血。"此石竹节分明，形态如
　　　　　随风摇曳，美不胜收。

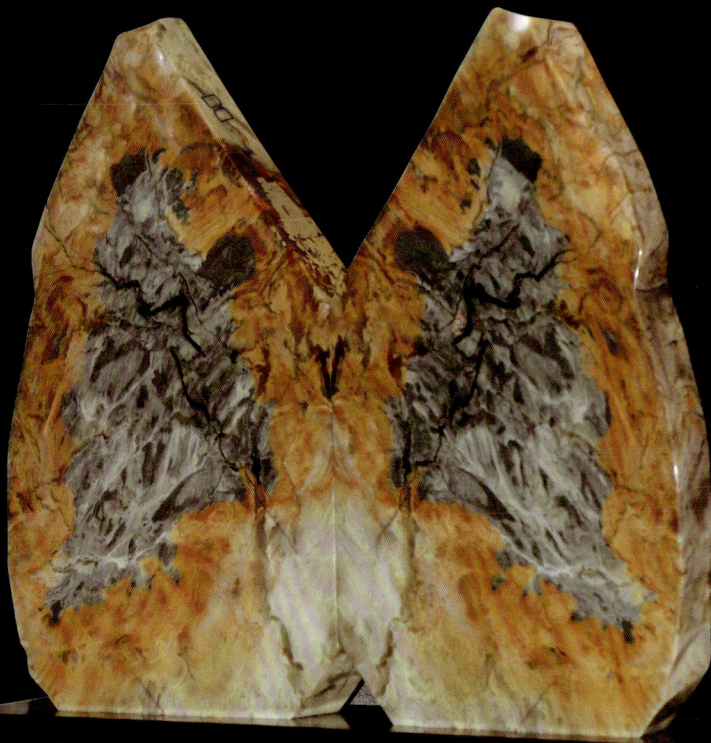

二渡通天河·巴林图案石

尺　　寸　60厘米×50厘米

鉴石要点　唐僧师徒要去西天取经，路上
　　　　　要经历九九八十一难，其中的
　　　　　通天河就过了两次，两次均有
　　　　　老龟相助，但也惹出不少麻
　　　　　烦。此石形象就如老龟驮着唐
　　　　　僧师徒两次渡河，惟妙惟肖。

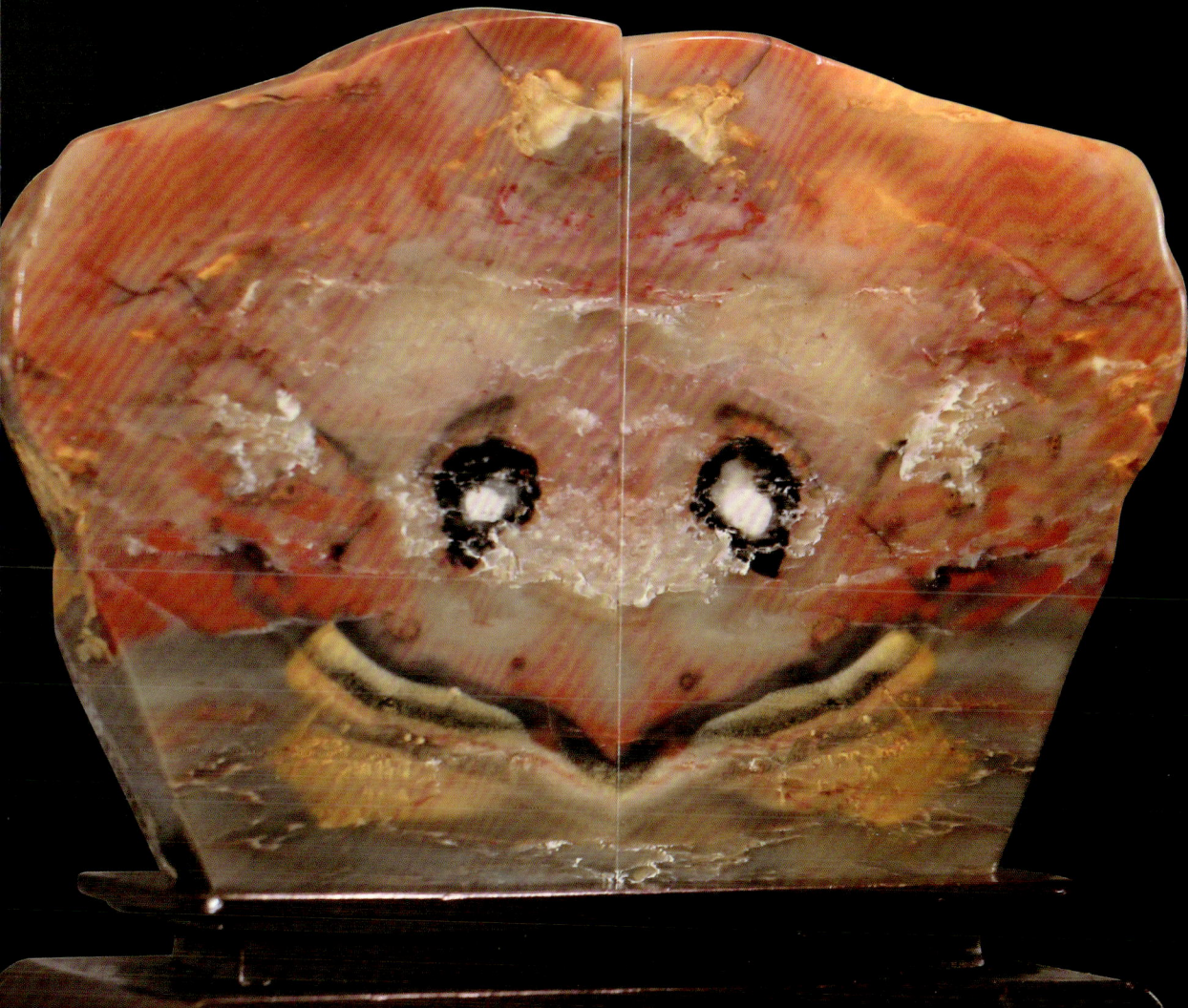

猫头鹰 · 巴林图案石

尺　　寸　32厘米×43厘米

鉴石要点　黑色的眼眶白色的瞳仁，尖尖
的嘴巴，宛如一只猫头鹰全神
贯注地听着四周的声音，威风
凛凛地镇守在草原上。

【构图】

在收藏鉴赏的时候，首先要观察其构图是否合理。不论图案是人物、动物或景色都应该表现在石头的中心部位。如果图案偏在石头一侧，而石头的大部分是空白的，图案即使再漂亮，给人的感觉都不舒服。尤如原应戴在胸前的一朵花，却戴在了腿上。其实，图案石与书法、绘画等艺术一样，构图是首位的问题。

【色彩】

要看图案的色彩与石头底色之间的反差如何。色彩反差越大，图案越清晰，夺目感越强，主题才能越鲜明，给人的印象才越深刻。同一色的图案石，色彩要有深浅变化。色彩

海脉·巴林图案石

尺　　寸　57厘米×62厘米

鉴石要点　平静的海面下往往暗流涌动，这些暗流如人体的血脉一样为大海提供着源源不断的动力，百转千回，生生不息。

没有反差且又无变化的石头，是不应在收藏之列的。另外，还要看图案是由几种色彩组成的。一般来讲，三种色彩的图案石较少，而四种以上色彩的图案石非常罕见。

【画面】

观察具象图案石，不仅要看其画面的整体效果，还要看其造型是否准确，形态是否逼真、传神。不论是人物造型或动物造型，在形体比例得当的情况下，如能具有活灵活现的眼睛，则更显现了奇石的灵性。

【石质】

看石质和石形。石质差，硬度不够的图案石容易损伤，不易保存和收藏。而石形不稳定，头重脚轻或三尖六棱之石，总给人不悦之感。另外，对残缺或图案不完整之石要慎重处之。

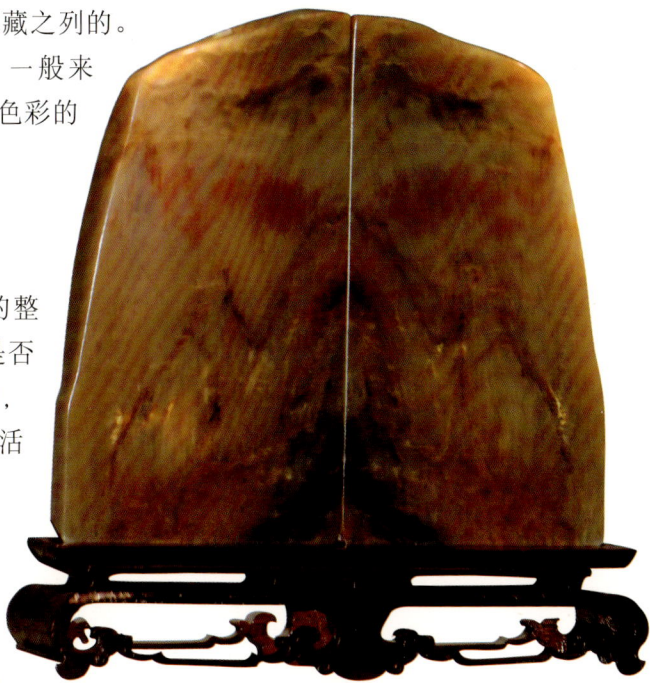

彩蝶飞舞·巴林图案石
尺　寸　53厘米×48厘米
鉴石要点　彩蝶在黄色的花丛中来回翩翩起舞，相互追逐，挥洒着水样的柔媚。

表3　巴林图案石品级特点

名称	等级	技术要求					
		颜色	质地	瑕疵	硬度	质量	密度
图案石	特级	颜色多样，层次分明。	石质温润，图案纹理清晰、自然流畅。	无瑕疵、无杂、无绺、无裂。	2~4	原石大于等于0.5，成品不要求。	2.4~2.7
	优级	颜色多样。	石质温润，图案纹理清晰。	无杂、无绺、无裂。	2~4	不要求。	2.4~2.7
	一级	颜色多样。	石质略粗燥，图案纹理欠清晰。	有裂纹，略有杂质和绺纹。	2~4		2.4~2.7
	二级	颜色多样。	石质粗燥，图案纹理模糊。	有裂纹，有杂质，绺纹较多。	2~4		2.4~2.7

注：质量单位为kg；硬度单位为摩氏硬度（度）；密度单位为g/cm³。来源：《巴林石标准》。

笑脸猫·巴林图案石

尺　　寸　35厘米×41厘米

鉴石要点　尖尖的耳朵，圆润的头部，再配上特殊的颜色，造型俨然
　　　　　就是中国的花狸猫，形态可人。

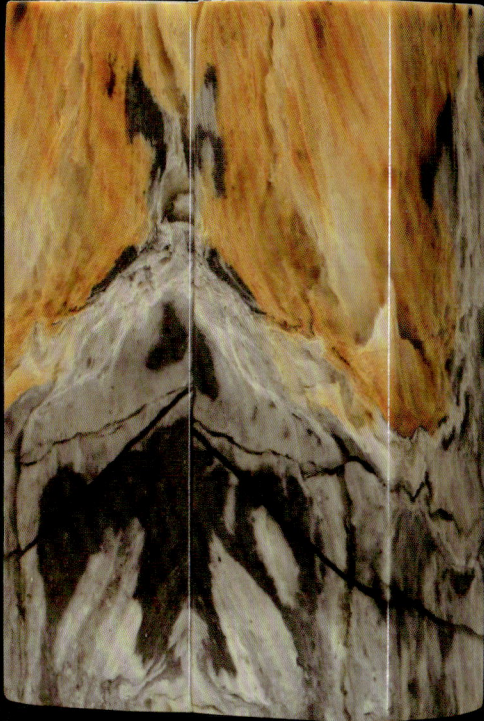

坐井观天·巴林图案石

尺　寸　23厘米×34厘米

鉴石要点　几只青蛙盘踞在井底，通过井口去想象外面的天地，到底是方的还是圆的？

火烧战船·巴林图案石

尺　寸　34厘米×41厘米

鉴石要点　此石的造型就如三国中的赤壁之战，熊熊的烈焰将曹操的战船烧得一干二净，黑、红、黄三色泾渭分明，相得益彰。

巴林彩石

颜色鲜艳、色彩美丽，质地细腻或具有某种奇异结构的多种矿物集合体，称为彩石。巴林彩石是由单一颜色或多种颜色组合的不透明巴林石，与其他类别的巴林石最明显的区别是地子不透明，突出的特点是色彩丰富。具体以颜色、图案、纹理分为若干种类，如豹子石、金银石、黑白石等。

巴林彩石的传说

一方水土养一方人，巴林右旗的沃土造就了魅力无穷的巴林彩石，而巴林彩石同样也在潜移默化地影响着当地的文化生活。在巴林右旗，关于巴林石、巴林彩石的典故、传说也流传很广。如《鞭赶石山》：传说在上古时代，巴林草原是一片水草丰美的平原，原本在平原上的山川都被二郎神用赶山鞭赶到了大海里。由于赶到海里的山太重，结果把龙王住的龙宫给压坏了，龙

人物钮章·巴林彩石（一组4个）

尺　寸　4厘米×4厘米×8厘米

鉴石要点　四枚印章采用俏色巧雕的手法雕刻了四张不同表情的脸，构思巧妙，技艺精湛。

宫里的金银珠宝库也给压塌陷了。龙宫里的龙王为此整天愁眉苦脸、茶饭不思，不知道该用什么办法来收拾这种残局。这一切，让龙王的三女儿看在眼里，为了帮助父亲排忧解难，聪明的小龙女采取了一系列措施，历经千难万险最后把二郎神的赶山鞭骗到手，挥动鞭子，开始赶山出海。

因为龙王父女在把哪座山赶出海的问题上引发争吵，最后只把土山、石山赶出海，而这些石山、土山在海里时与砸塌的金银珠宝库混在一起，结果就混杂上来许多宝石，这就是巴林石的来源。

当地流传较广的故事还有《查干和赛汗》：相传在金代，巴林草原仍为金上京。一天，新登基不久的皇帝在查看风水宝地时，发现了美如天仙的查干姑娘，意欲纳为妃子。但查干已与族里的青年男子赛汗成了亲，并刚刚举行了祭拜山神之礼。凶残的皇帝为了夺取查干，下令士兵杀死了赛汗，但坚贞的查干毅然撞死在皇帝面前，后来查干和赛汗两人都变为石头。十年后，皇帝去世了，在送葬的路上，遇到两个石人挡路，宫廷里的风水师和州官于是下令点火烧石，但无论怎么烧也烧不烂。

随后，天空中下起了瓢泼大雨，轰隆一声天塌地陷，查干、赛汗与风水师、州官等都被埋进土里变为巴林石。人们说，彩石、冻石是查干、赛罕所变，杂质石和狗屎地石是风水师及州官等狗官们所变。

除此之外，巴林草原还流传着诸如"石佛降妖"、"劈石出水"、"巨石除妖"、"三选公莹"、"化石山化掉了石团长"等神话与传说。这些神话与传说，使巴林石充满了人文色彩。

巴林彩石的分布

巴林彩石矿分布在6平方千米的巴林石矿区中，几乎每个采区、采坑和矿井中都挖出过彩石，这类石种是巴林石中

珊瑚笑海·巴林瓷白石

尺　寸 20厘米×45厘米

鉴石要点 珊瑚因为它绚丽的颜色和奇异的造型成为人们所喜爱的收藏品，这一雕件利用瓷白石特有的颜色和石质雕刻成珊瑚的造型，宛如从海底刚采出的一般。

产量最大的一类。从出产彩石的矿藏地质构造看，巴林彩石不仅在地中层有产出，在地表层也有产出，而产量最高的要数地下层。

巴林彩石所含矿物成分

　　巴林彩石的主要矿物质成分是叶蜡石和高岭石，其次含有极微量的含铁矿物、绿帘石、金红石、黄铁矿、辰砂、明矾等。

　　其中，一些金属氧化物的含量决定了巴林彩石的主要呈现颜色，因为这些金属氧化物都有一定的颜色，如氧化铝、化硅、褐铁、赤铁、氧化钾、锰、钛等，例如含赤铁、褐铁是咖啡色，含有机碳多则呈黑色，含锰元素多的时候则呈紫色。

海的女儿·巴林瓷白石

尺　寸　15厘米×15厘米

鉴石要点　人物造型生动，线条流畅，通过俏色巧雕将白与黑两种颜色巧妙结合。

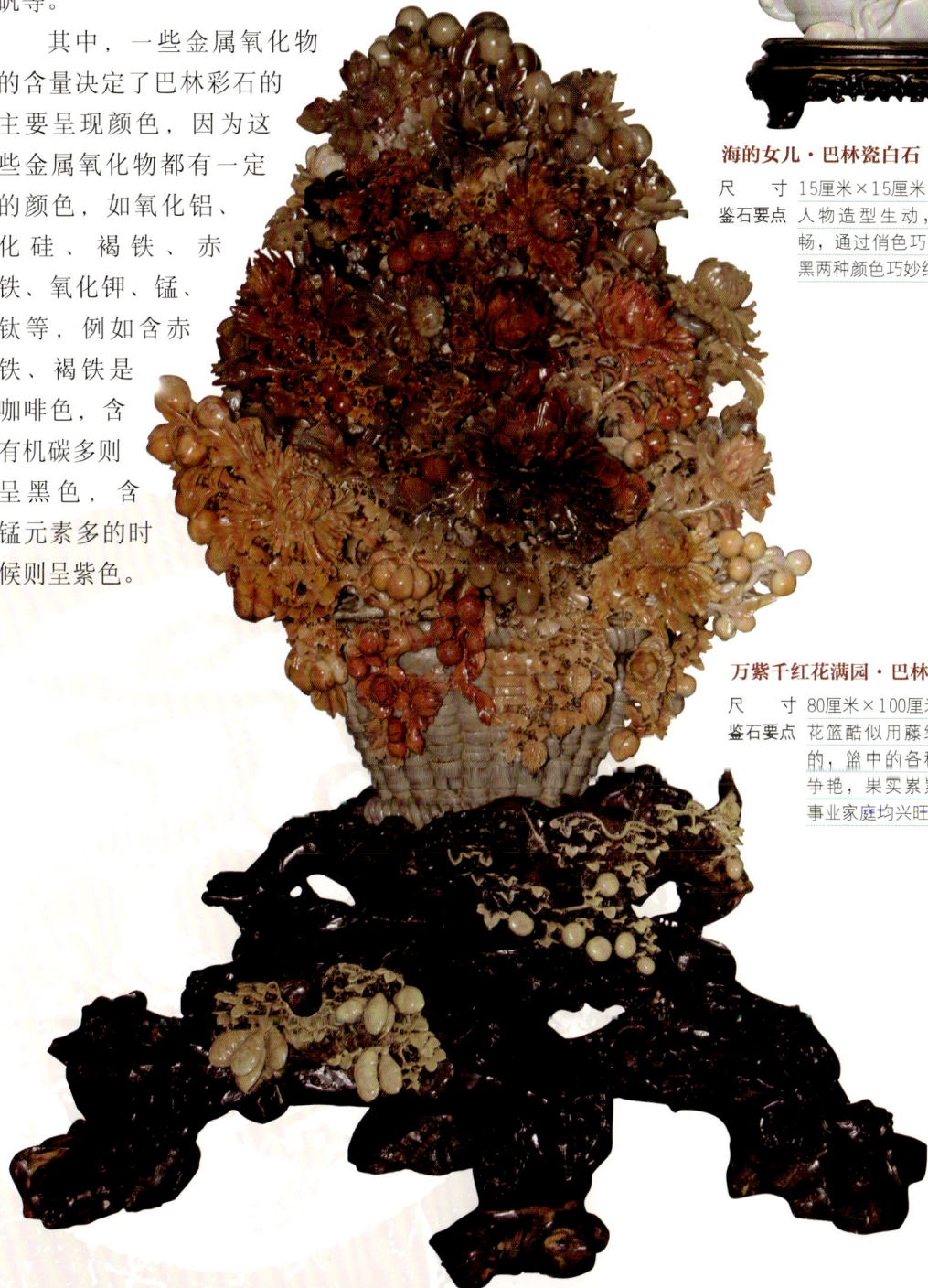

万紫千红花满园·巴林彩冻石

尺　寸　80厘米×100厘米

鉴石要点　花篮酷似用藤编织而成的，篮中的各种花竞放争艳，果实累累。寓意事业家庭均兴旺发达。

巴林彩石的特性

巴林彩石以色为贵，以质为佳。色，是指巴林彩石的色彩，其纯正、鲜艳，色调柔美，无杂质，色度又有浓淡变化，色形均匀分布，表里如一，光色柔和闪亮，有活性与动感。质，是指巴林彩石的质地。巴林彩石的质地细腻，密度高，有温润感，不干涩；有一定的硬度但又易于加工。加工后的光泽如玉如瓷，有亮度，手感好。精品巴林彩石都具备这些特点，所以有迷人的魅力。

巴林彩石呈块状，具有蜡状光泽及油脂光泽，颜色多样，色泽柔和，图形美观，质地细腻。有乳白、浅绿、浅紫、黑灰、褐黄、青灰、紫红、蛋青等各种颜色，自然分布，相互衬映，色彩相间，形成色彩绚丽、形景变幻多姿的自然美，确实是斑纹如画，巧夺天工。

由于巴林彩石所含矿物成分主要以高岭石为主，巴林鸡血石、福黄石和冻石所含矿物以地开石为主，所以巴林彩石的质地不如后者透明。

巴林彩石质地虽然不透明，但石质细腻，比重也比地开石略大些，不容易出现裂纹和褪色，适合长期收藏和保存。另外巴林彩石因材质不透明、质地具有凝重和瓷类光泽的特点，上光之后，石件光可鉴人，是其他石种不能比拟的。

巴林彩石的分类

巴林彩石的种类丰富，按照石质和色彩可分为两大类，一类叫"清彩石"，一类叫"多彩石"。清彩石，是指具有一种颜色的巴林石，有朱砂石、瓷白石、白云石、杏花石、咖啡石等名贵品种。多彩石，是指两种以上颜色的巴林石，有红花石、天星石、青白石、佛香石、紫云石等名贵品种。

〔石榴红〕

石榴红的颜色红中泛黄，多见为黄红色，大多呈现不透明状。此类石种端庄沉稳，质地不坚不燥，具有良好的质感，是受人们喜爱的雕刻石料之一，是巴林石中值得收藏的名石之一。

霞光彩霓·巴林红花原石

尺　寸　14厘米×26厘米

鉴石要点　红花石是巴林石中常见的一种，但此石质地细腻温润，颜色艳丽，层层叠叠的颜色看起来就好像海上的波浪一般。

【红花石】

红花石色彩浓艳，犹如姹紫嫣红、群芳争艳的花丛。红花石的花纹颜色为淡红、深红或锈红色，有云纹、条纹、斑纹，排列较乱，且易褪色，系浸染赤铁矿形成。红花石的石质为污白、白绿等杂色地子，细腻光滑，切割后色彩图案丰富。石性较脆，硬度稍高，温润程度也较差，个别石料有绺裂现象，适于实用，花纹美丽者可用于观赏。

【黄花石】

该石主体以黄色为主，带有红色或其他颜色，似秋天的草原，满地黄花铺金，几片枫叶缀彩，故名黄花石。从矿物学的研究可知，巴林石的主要矿物成分为高岭石、地开石或高岭石—地开石的过渡矿物。纯净的高岭石和地开石为无色或白色，因此巴林石的呈色是由于其混入了杂质。黄花石成色的原因是内部含有少量褐铁矿和赤铁矿。黄花石不透明，浅黄色间有深黄色纹理，光泽如玉，质地温润细腻，色泽凝重。石性有绵有脆，硬度稍高。白至奶白色，轻浮艳丽，质软细腻，偶见微透明层纹或乳白色微透明纹贯穿其间，材少，易变色，比较难得。适于观赏或实用，特别适宜切割成对章。

昭君出塞·巴林黄花石

尺　寸　17厘米×23厘米

鉴石要点　"昭君自有千秋在，胡汉和亲见识高。"昭君出塞促进了民族的融合与经济发展，因此也成为雕刻家常用的题材。

如玉把件·巴林羊脂白石

尺　　寸　5厘米×5厘米

鉴石要点　巴林石的羊脂白就如和田玉一样细腻油润，但比和田玉硬度低，更适合雕刻。

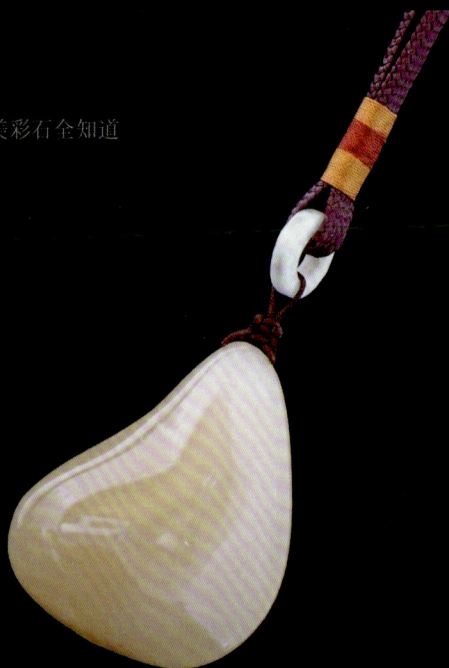

少女之心·巴林金银石

尺　　寸　17厘米×21厘米

鉴石要点　在继承了传统的雕刻技法和题材的基础上，巴林石的雕刻也引入了不少现代的元素，这件少女之心的雕件就是这方面的尝试。

巴林红花冻原石

尺　寸　5厘米×30厘米

鉴石要点　质地温润细腻，光泽如蜡般柔亮，即使不做雕刻也是一件很好的摆件。

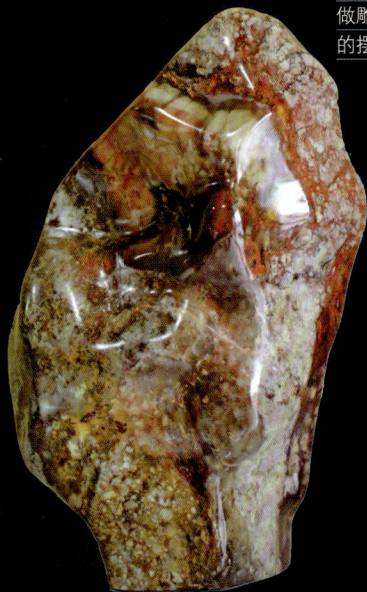

巴林紫云石原石

尺　寸　80厘米×120厘米

鉴石要点　白色的地子上布满紫色的花纹，同时有大块的黑紫色布在上面，在巴林石矿中多有产出。

梅花神·巴林金银石

尺　寸　16厘米×20厘米

鉴石要点　相传宋武帝的女儿寿阳公主在宫里梅林赏梅，困倦了就在殿檐下小睡，有朵梅花轻轻飘落在她的额上，留下五瓣淡淡红色的痕迹。寿阳公主醒后，宫女都觉得原本妩媚动人的公主，又因梅花瓣而更添几分美丽，于是纷纷效仿。

【豹子石】

又名"豹皮石"，是巴林彩石中的一个奇美品种。
该石有土黄、灰白等多种主色，石面上均匀地分布
着密密麻麻的白色圆点，有大有小，有密有疏，有
深有浅，酷似豹子的斑纹，故名"豹子石"，也
称之为"豹皮石"。全石或部分为黄色斑点或黄
色斑纹，形状如豹斑，色调凝重，纹理偏粗。
有啸傲山林、独占一方的霸气，又蕴含弱肉
强食的兽性，非常美丽。此石雕刻虎豹类动
物，效果惟妙惟肖，属珍贵品种。细品味，
具有令人面对现实，莫失良机，敢于拼搏，
勇于挑战，获取成功的气魄，此石还具有灵性和动感。豹子
石属脆料，质地温润细腻，不透明，硬度适中，光泽如蜡般
柔亮，最适宜雕刻豹子，制作印章也是佳材。

母爱·巴林豹子石

尺　寸　17厘米×16厘米

鉴石要点　一大一小两只豹子形象生动，四肢矫健，姿态威猛，纹彩绚丽。

【山黄石】

整个石块全部为黄颜色，外观与寿山黄石类似，但色泽
稍逊，没有裂纹，呈不透明状。一般为小块石料，质纯块大
的石料产出较少，以无杂质无条纹者为最佳。山黄石的石质
柔和，所以在雕刻的时候很容易受刀，并且在雕刻动物、人
物时，能够很好地表现物种的肌肉群，非常传神，这方面的
雕件也有很多艺术精品。

招财猪·巴林黑花石

尺　寸　23厘米×18厘米

鉴石要点　嘴部上噘突出，再配上一对
大耳朵，寓意生活富裕、六
畜兴旺。

【紫云石】

紫云石属于绵脆相间料，质地细腻温润，玉石光泽，色调鲜艳分明，硬度略偏低，不易产生绺裂现象。有远近色、深浅色之分，适合制作印章、山子、镇纸、自然形摆件等，亦可为观赏美石。紫云石的形成主要是高岭石体中含锰、铁元素，形成了紫色的图案。

紫云石以白色、灰色、红紫色为主，基本不透明，白色地子上饰满紫色花纹，同时又混合着黑紫色的斑块和线纹，常有水墨图案出现。尤其切面上，景物壮观，韵味丰厚，其中多构成奇幻的装饰意象，或似彩云飘飘的天空，或似峻岭叠峰的山谷，或似茂密的山林，或似紫气环绕的草原。一幅幅艳丽多姿迷人的画面，令人遐想，体味到诗中有画、画里藏诗的意境，是不可多得的大自然的艺术品。

鼎钮方章·巴林紫云彩石

尺　寸	7厘米×7厘米×12厘米
鉴石要点	在古代，鼎是贵族身份的象征。因此，中国人有一种鼎崇拜的意识，"鼎"字也被赋予"显赫"、"尊贵"、"盛大"等含义。

【银金花】

银地金花，不透明。此类石种石性温和，极少绺裂，不易风化，但硬度较低，不宜雕刻镂空的雕件，而适宜制作浮雕。局部或者通体布满黄色斑点，且斑点大而均匀者为最佳。

【金银石】

金银石是巴林彩石多彩石类中的一个佳品。该品种只有白和黄两种色调，而两种色调均纯正无杂，黄白分明，也无过渡色，犹如一块黄金一块白银绞在一起，故名"金银石"。色调凝重，纹理奇异。呈现出满目金、银的装饰意象。金银相伴，是富贵的吉兆，让人想到富足生活的美好。金银石属于绵料，质地温润细腻，不透明，硬度偏软，土状光泽。该品种于1985年在三采区8号采坑中产出。其他采区如今还没有发现，产量极少，为罕见品种。其是纯净的高岭石矿体中含有褐铁矿裂隙渗透浸染所致，浸染铁的部分呈黄色，余下的部分保留了原白色。

象牙白

象牙白又名"牙白石"，通体色为黄白色，色调纯正，就像象牙一样，故名"象牙白"。该石属于绵料，与瓷白石质地略同，吸水性较强，怕油浸或蜡污染，质地不如瓷白石，略显干，不透明，其较瓷白石软，适宜雕刻美女或观音菩萨像等，也是加工印章的最佳选材。

瓷白石

瓷白石是巴林彩石清彩石类中的最佳品种。该石通体为白色，色调纯正，无杂色，犹似皓月照白雪，又似白菊衬白云，还似白土烧白瓷，故名。瓷白石属绵料，透明，质地温润细腻，怕油浸、蜡涂或手污。有白净如纸之韵，纯净如冰之态，风清如玉之魂。细品味，令人感到清风淡雅，冰心一片。该石光泽如玉，偏硬，但易打磨雕刻，适宜雕刻人物及加工印章等，也是用于

童子拜观音·巴林瓷白石

尺　寸　15厘米×20厘米

鉴石要点　童子栩栩如生，细致生动，观音面容饱满，清逸恬静，整个摆件给人宽容平和的感觉。

微刻的最佳石材。该品种早于新石器时代就有产出，现在三采区13号采坑中有出品，主要成分是高岭石。

【金沙地】

在白、淡黄色微明肌理间，隐约可见似"金沙"星闪烁，分布均匀，其状如金、银粉。质地软硬不一，多为偏软石品，产于鸡血石脉附近，较罕见。

【水草花】

此石为古植物化石，生有天然水草及松枝，若再有鸡血红色掺杂其间，更显其妙，以地子不杂色者为佳。此石不透明或半透明，石体呈浅色调，深色及红色极少。石体上面分布黑色或深灰色松枝样花纹。经加工磨光后，一串串水草，一枝枝松枝，清晰生动，跃然石上。水草花的黑色花纹，有的是古生植物蕨类化石，有的是成矿时锰元素沿裂隙渗染形成的。如水草花画面上再有点点滴滴的鸡血红，就更妙不可言，是收藏者必藏之物。

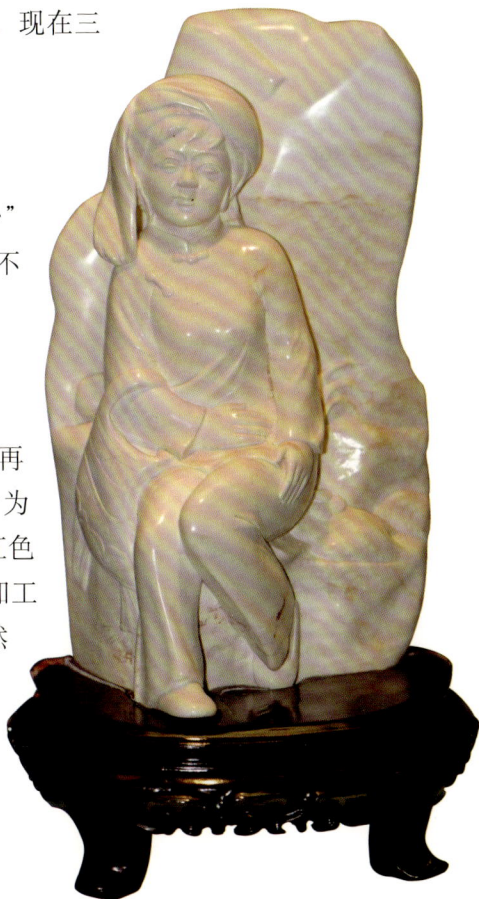

民族少女·巴林瓷白石
尺　寸 10厘米×20厘米
鉴石要点 独坐在大石的一角，神态安详、恬静，浪漫而富有活力。

哮天犬·巴林瓷白石
尺　寸 25厘米×15厘米
鉴石要点 犬首微昂，鼻尖上翘，后爪卧伏，背部有突起小谷纹。作者爪爪叩奥的下丛，形态鲜活逼真。

【金砾石】

金砾石是巴林彩石多彩石类中的一个奇美品种。该石以白黄色、灰白色或浅黄色等为主，石面上有一个个金色浑圆状的角砾，大小不一，深浅不一，犹如一颗颗金珠随意洒落在石面上，光芒四射，耀眼夺目，故名。金砾石属绵料，不透明质，金砾光泽如玉，石体光泽为土状，质地温润细腻，色调对比强烈，纹理呈金珠镶嵌玉石中或金砾装满金山的装饰意象。

【银砾石】

银砾石是巴林彩石多彩石类中华美的品种。该石常以黄白色、灰黑色或青灰色等为主，其中又均匀地分布着大小不一、方圆不定、疏密不等的银白色的角砾颗粒，故名"银砾石"。此石色调凝重华美，纹理有大地回春、山花烂漫的装饰意象，观之令人感慨万千。银砾石同金砾石有相近之处，属绵料，质地细腻温润，不透明。硬度适中，易雕琢，土状光泽，亮度一般。

【巧色石】

又名"俏色石"，只要是两种颜色为

争分夺秒·巴林俏色彩石

尺　寸　17厘米×30厘米

鉴石要点　石质纯然，色泽温润，将一块钟表的表面和内里在同一平面展现，整体效果显得古朴、庄重。

料石的主色调，即为"巧色石"。两种颜色又分两种情况：一为两种颜色接触面十分整齐，如切割状，且反差强烈，此多为不透明品种：一为两色接触面不分明，其间有过渡渐变色带相隔，此多为透明品种。这种巧色石主要用于借色巧雕，其作品意趣盎然。若遇良工巧雕，堪称精品。其中，以色彩中无杂色杂质者为佳。

〔鬼脸青〕

鬼脸青石质不透明，黑色中杂有黄灰色。石顽，不易开裂，含有砂钉，并多有金黄色金属点闪现(黄铁矿)。切割磨擦过程中会产生一种臭鸡蛋味，此是硫化氢遇热所致。此石品虽低劣，但巧用其色彩，雕品仍不失为佳作。

〔多彩石〕

多彩石是巴林彩石多彩石类中的又一个奇美品种。此石色彩丰富绚丽，多彩多姿，其色有红色、橙黄色、灰黑色、粉白色、黄绿色等，多则10余种，可谓五光十色，故名"多彩石"。色调亮丽又富有活力和动感，纹理呈现似如一团团彩云随风飘动，或一簇簇鲜花争芳斗艳，或一片片彩霞祥光普照等装饰意象，令人赏心悦目。多彩石属于绵脆相间料，质地温润细腻，光泽如蜡，有的如瓷，稍透明，硬度适中，易保存，易加工，是制作印章、雕件或打磨自然形的上等好料。该品种在古代已有发现，各采区仍有产出，产量较多，有大材，色彩繁杂。由于石体含多种金属离子，后期交代溶蚀作用不均匀，故而形成了五彩缤纷的画面。

〔黄金石〕

该石通体为金黄色，色正，无杂色，酷似黄金，故名"黄金石"。此石色调凝重，纹理华美。石体中均匀地分布着微细条状纹理，犹如高温炼烧的金砖或金条，富有天然华贵的韵律和冶炼铸金的空灵感。黄金石属绵料，质地细腻温润，不透明，硬度适中，易雕琢，适宜加工印章。

巴林水草彩石素章

尺　寸　4厘米×4厘米×9厘米

鉴石要点　石质滋润冻透，石上的水草松枝等天然画面栩栩如生，宛如一幅浓墨重彩的山水画卷。

招财进宝·巴林鬼脸青彩石

尺　寸　60厘米×65厘米

鉴石要点　金蟾背着金钱伏地，口吐云气，取"金蟾纳福"、"招财进宝"之意。

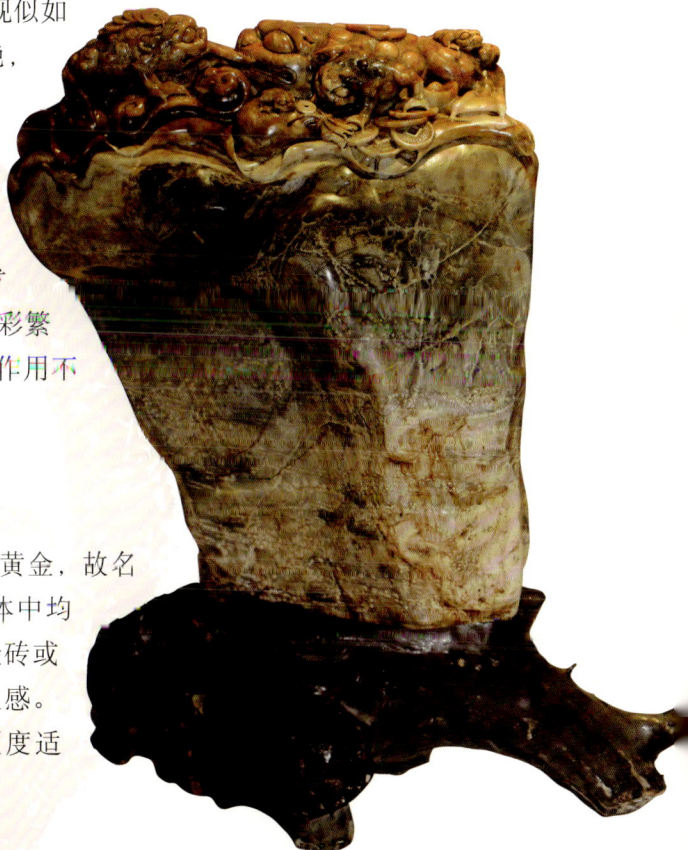

〔咖啡石〕

咖啡石是巴林彩石清彩石类中的又一个佳品。该石以深棕色为主，略有一些浅红过渡色，石面颜色就像刚煮好的一杯咖啡，故名"咖啡石"。咖啡石属于绵料，易长久保存。不透明，硬度适中，光泽如蜡。质地温润细腻，纹理似雨丝。该品种于1996年在三采区的大卧子中产出，同紫云冻石一脉，偶有大材出产，但产量极少，属于名贵品种。其主要是以高岭石为主体的矿质中，均匀地充填了少量锰质微粒而形成的。

〔朱砂石〕

该石色调纯正统一，纯洁无杂，通体为紫红色相，紫深红浅，犹如大量固体朱砂，故名"朱砂石"。朱砂石是巴林彩石清彩石类的上上品，打磨后光泽如玉，硬度适中，易于受刀，是制作印章或摆件的上等材料，如得取一方尺寸满意的印章则极为珍贵。朱砂石属绵料，不透明，质地温润细腻，色调凝重，纹理有红紫相依、瑞气冉冉的韵味，是非常具有灵气的精妙品种。

〔泼墨石〕

该石以灰白色、浅棕色或土白色等多种浅色为主，透染着不规则的块块黑斑，斑状大小不一，点斑不同，泼洒不拘，浓淡有致，犹如随意涂抹而就的水墨丹青山水画，故名"泼墨石"。泼墨石属绵料，质地温润细腻，不透明，土状光泽，硬度适中，易于受刀，适宜加工印章或自然形。

〔珐琅石〕

珐琅石是巴林彩石多彩石类中的又一珍稀品种。该石为深蓝色，与珐琅工艺品上所用的蓝色相同，故名"珐琅石"。色彩凝重华贵。细品味，此石典雅、高贵的蓝色，令人遐想万千。珐琅石属于绵料，质地温润细腻，不透明，硬度适中，光泽如玉，大块石材少，适宜加工自然形和雕件。

〔蟹青石〕

蟹青石是巴林彩石清彩石类中产量较多的一个品种。

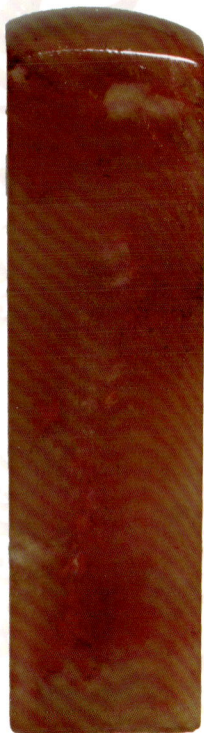

巴林红花石方章

尺　　寸　3厘米×3厘米×10厘米

鉴石要点　玉骨冰肌的白色石肉上，艳丽的红晕好似穿过云层的霞光，映照得整枚方章都通体明艳，光彩照人。

巴林泼墨石方章

尺　　寸　4厘米×4厘米×7.5厘米

鉴石要点　黑色的地子上布有不均匀的黄白斑块，外形就好像一幅随意挥洒的丹青水墨画。

该品种通体为青白色或灰青色，酷似水中的河蟹，故名"蟹青石"，也称"蟹壳石"。此石色调凝重质朴，表面光滑，散发着一种平淡无奇、雅俗共赏的天然韵律。蟹青石属于脆料，质地温润细腻，不透明，硬度适中偏硬。光泽如玉，有亮度，发柔亮光状，适用于加工印章或大型玺印。

葱绿石

葱绿石是巴林彩石多彩石类中珍稀品种。该石为黄绿色，略透染着青白色，犹如春日里生长的洋葱，故名"葱绿石"。此石色调凝重，色彩纹理具有春天生机盎然、田野绿油油的装饰意象。葱绿石属于绵脆相间料，质地温润细腻，不透明，硬度适中，易于雕刻，光泽如蜡，适合雕刻和打磨自然形。

福禄寿·巴林朱砂石

尺　寸　21厘米×23厘米
鉴石要点　颜色红似丹砂，石质温润莹透，题材分别作福禄寿三星，雕工精美，造型生动，情态各异。

巴林彩石的鉴赏

巴林彩石最大的特点是地子不透明，颜色丰富多彩。最重要的评价要素是颜色，其次为图案、质地。

【颜色】

颜色可从色调、浓度、纯度、鲜艳度、均匀度来评价。

色调，是指颜色的种类。彩石类巴林石的色调繁多，最常见的有红色、黄色、黑色、白色、灰色、褐色等单色以及各种颜色的过渡色。对于巴林彩石，常有"蓝绿为绝，五彩为奇"、"缺蓝少绿"之说，即蓝绿色的巴林石非常少见，

多种颜色集于一石则非常奇特。

浓度，指颜色的深浅程度，可以分为深、中、浅三级，巴林彩石的浓度越浓越好。

纯度，是色调的纯正程度，一般来说色泽越纯正越好。

鲜艳度，是指颜色的明亮程度，可以分为鲜艳、较鲜艳和暗淡三级，巴林彩石的颜色越鲜艳越好，越暗淡越差。

均匀度，指颜色分布的均匀程度。如果一块巴林彩石通体为一种颜色，则越均匀越好，如果为两种以上的颜色，则要界线分明，搭配协调。

婴戏山子·巴林彩石

尺　寸　40厘米×75厘米

鉴石要点　儿童衣纹清晰，眉清目秀，动作天真烂漫，寓意多子多福、生活美满。

【图案】

彩石中如果出现一定的纹理、线条、斑块，可以让人产生某种联想，有些通过雕琢可以帮助更好地表达设计主题。

【质地】

质地越细腻、无裂无绺、没有砂钉者为佳。

巴林彩石的保养

彩石的保养主要分为整理和养护两个过程。

【整理】

整理是对刚采到的原石进行表面处理。如一块新挖出来的石头表面既有泥砂，又有钙质包皮，还有浸泡的杂色、苔

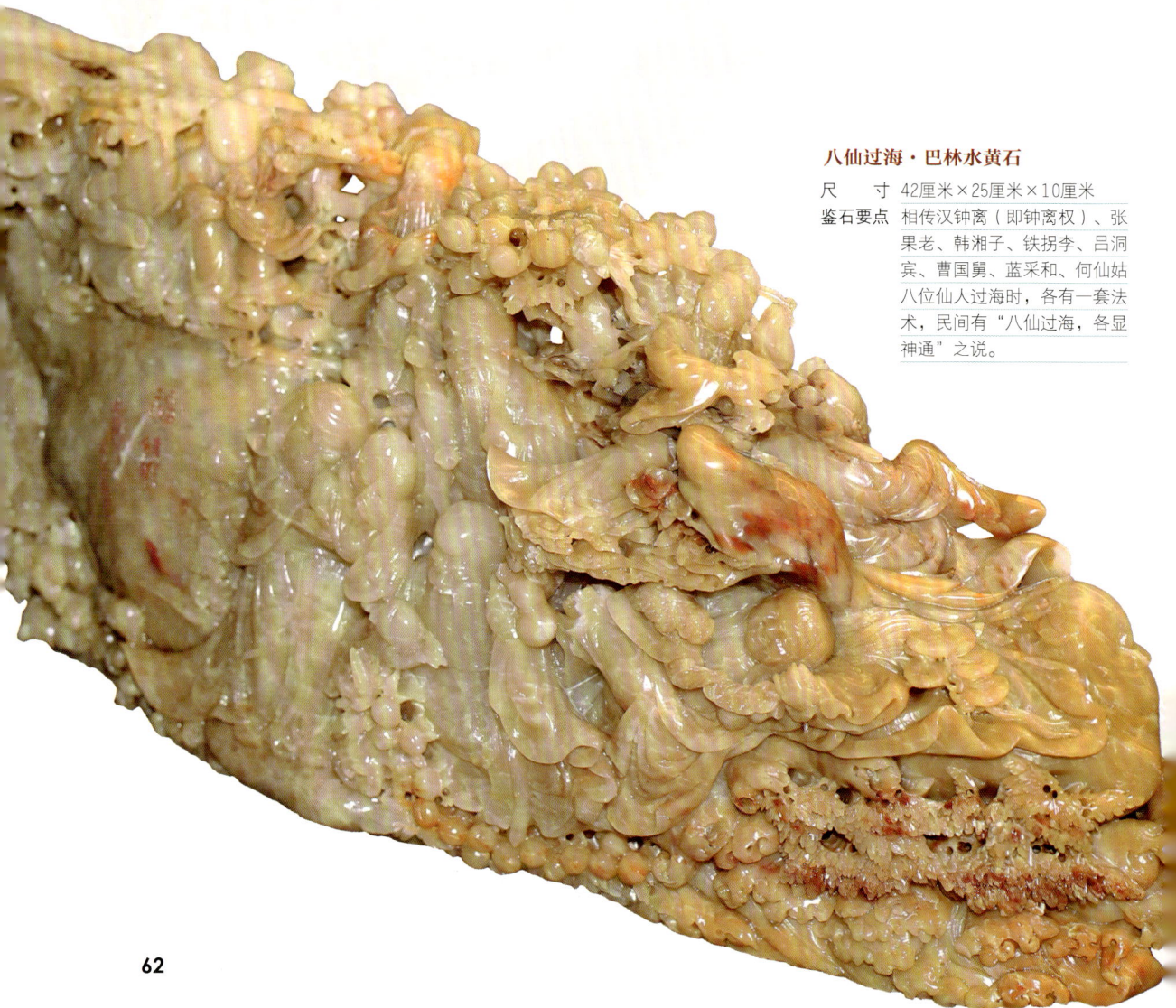

八仙过海·巴林水黄石

尺　　寸　42厘米×25厘米×10厘米
鉴石要点　相传汉钟离（即钟离权）、张果老、韩湘子、铁拐李、吕洞宾、曹国舅、蓝采和、何仙姑八位仙人过海时，各有一套法术，民间有"八仙过海，各显神通"之说。

藓等，这些都需要进行表面的整治处理。

〖养护〗

清洗干净后，就可以进入日常养护。日常养护包括对石伤的养护、室外养护和室内养护等。石伤养护主要是指有些彩石在采集过程中，经常出现不小心碰破损伤石肤石肌的事。如果石伤较明显，可先用金刚石或砂纸进行打磨修理，然后再将原石放置于露天经受日晒雨淋，并定期浇水，时间一长石皮就会自然分化，自然变色，直到整块奇石在质感、色感方面完全调和为止，再上座迁入室内观赏。

室内的养护实际上就是对彩石的永久养护。最好的方法还是经常放在手掌中摩擦擦拭，以人气和皮肤上的油脂、热量对石进行养护和滋润。久而久之，石的表皮就会形成一层薄薄的保护层，俗称"包浆"。保护层使石肤和外界的空气、温度、湿度隔离，石性就渐渐稳定下来，不会再出现裂痕了。

财神到·巴林彩石

尺　寸　40厘米×75厘米

鉴石要点　财神是中国民间普遍供奉的一种主管财富的神明，也是常见的一种雕刻题材，表达人们对富足生活的向往。

表4　巴林彩石品级特点

名称	等级	技术要求					
		颜色	质地	瑕疵	硬度	质量	密度
彩石	特级	颜色多样或颜色单一，色彩绚丽，纯净无瑕。	石质细腻、温润。	不杂、不绺、无裂。	2~4	原石大于等于0.8，成品不要求。	2.4~2.7
	优级	颜色多样或颜色单一，纯净无瑕。	石质细腻。	无杂、无绺、无裂。	2~4	不要求。	2.4~2.7
	一级	颜色多样，欠鲜明或颜色单一，欠纯净。	石质略粗糙。	有裂纹，略有杂质和绺纹。	2~4		2.4~2.7
	二级	颜色多样，欠鲜明或颜色单一，欠纯净。	石质粗糙。	有裂纹，有杂质，绺纹较多。	2~4		2.4~2.7

注：质量单位为kg；硬度单位为摩氏硬度（度）；密度单位为g/cm³。来源：《巴林石标准》。

巴林冻石

在巴林石中，凡是没有鸡血、没有黄地、质地透明或半透明的石种都归入巴林冻石。巴林冻石按照色彩和质地可分为三类，一类是单纯的色质，一类是彩色质，另一类是杂色质或多色质。这三大类冻石都因为质地酷似动物"皮冻"而得名。

巴林冻石除了和其他种类的巴林石一样可以作为印材加工印章外，还可以雕刻成各种各样的工艺品、装饰品等，其中有的品种价值要高于普通宝石几十或上百倍。

刘海戏金蟾·巴林彩冻石

尺　寸　10厘米×25厘米

鉴石要点　圆雕刘海戏金蟾，人物刻画细腻生动，须发衣褶均处理得自然流畅，玲珑动人。

巴林冻石的分布

巴林石的矿址在巴林右旗查干沐沦苏木境内的特尼格尔图山。从外观上看，特尼格尔图山与附近的山丘没什么区别，不高也不大，山上覆盖着灌木和绿草，山间修建着盘山道。但上山后就会发现，开采巴林石的矿井隐藏在山洞内。

在巴林石的五个矿区中都有巴林冻石产出，巴林冻石自被发现以来，从露天捡拾到挖坑开掘，历经数千年。

巴林冻石的矿物成分

巴林冻石的矿物成分非常丰富，不同含量的矿物质决定了巴林冻石的特性和品种，同时也影响着巴林冻石的品种优劣。上等的巴林冻石主要矿物成分是高岭石、地开石和珍珠陶石，其次是叶蜡石、绢云母石、石英石、绿泥石、伊利石、水铅石等。这些矿石成分在矿体形成中所含的比例不同，有的以地开石为主，有的以高岭石为主，有的以叶蜡石为主，有的各居1/2或1/3等。

质地纯净、透明度好的冻石一般是由很纯洁且微小细密的叶蜡石的晶体所组成。叶蜡石含量的多寡，决定着巴林冻石质地的纯与脏，透与暗，凝与散等。

除此之外，巴林冻石还含有各种金属氧化物，如：二氧化硅、三氧化二铁、氧化铁、氧化钾等。这些金属氧化物含量的多少，决定了巴林冻石的软与硬，脆与绵，艮与爽等，同时也决定了巴林冻石的色泽，如：石质呈黄色、棕黄色、赭色就是因含氧化铁、黄铁矿较多所致。

石质为红色、血色、红褐色是由赤铁矿、辰砂和硫化汞所致，还有钛元素呈淡红色，锰元素呈紫色，有机碳质和锰离子呈褐色或深黑色，绿泥石混入呈绿色等，此外，还有来自外部自然因素，如：热力、挤压、沉淀、侵入、腐蚀等，都对巴林冻石的构成起到一定的作用。

巴林冻石的基本特征

巴林冻石似玉非玉、如脂如冻，最大的特点是具有较高的透明度，佛石质品特别透、细润清亮。其品评要素主要有：透明度、块度、质地、图案、颜色。

【透明度】

透明度，巴林冻石的透明度越高，石质越清透，质量也越好。

【块度】

巴林冻石应该具有一定的块度，体积越大价值越高。

生命之初·巴林水草冻石

尺　寸　5厘米×7.6厘米

鉴石要点　水草冻随形摆件，石头的纹理似水波纹，加上摇曳的水草，更好似一幅水天的背景。

福禄寿·巴林黄冻石

尺　寸　12厘米×18厘米

鉴石要点　雕刻题材选取传统的蝙蝠、老鼠、佛手，均取其谐音，寓意福禄寿。

巴林彩冻原石把件

尺　　寸　4厘米×5厘米
鉴石要点　巴林石石质细腻，
　　　　　颜色丰富，很多小
　　　　　块石料只要打磨掉
　　　　　表皮就能成为一件
　　　　　很好的把件。

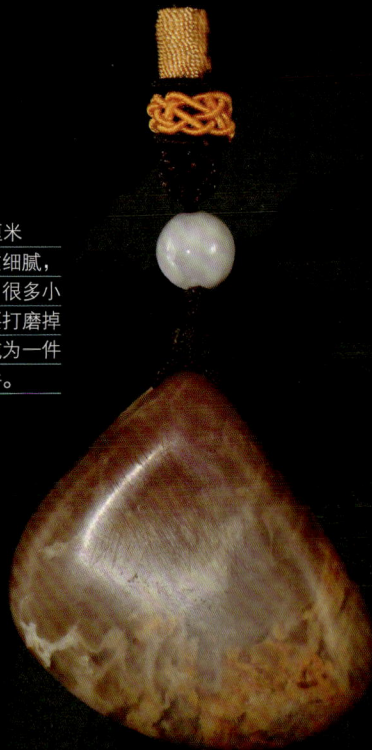

九龙杯·巴林黄彩冻石

尺　　寸　15厘米×15厘米
鉴石要点　杯口宽阔外敞，口沿外饰一周
　　　　　龙纹，内膛折进变窄，质地细
　　　　　腻温润。

九龙壶·巴林黄彩冻石

尺　　寸　60厘米×75厘米
鉴石要点　此壶装饰主题取传统的螭龙
　　　　　纹，壶身采用浮雕工艺，而壶
　　　　　嘴和壶盖则采用镂雕工艺。造
　　　　　型独特，刀法雄健，气势非
　　　　　凡。巴林石博物馆藏品。

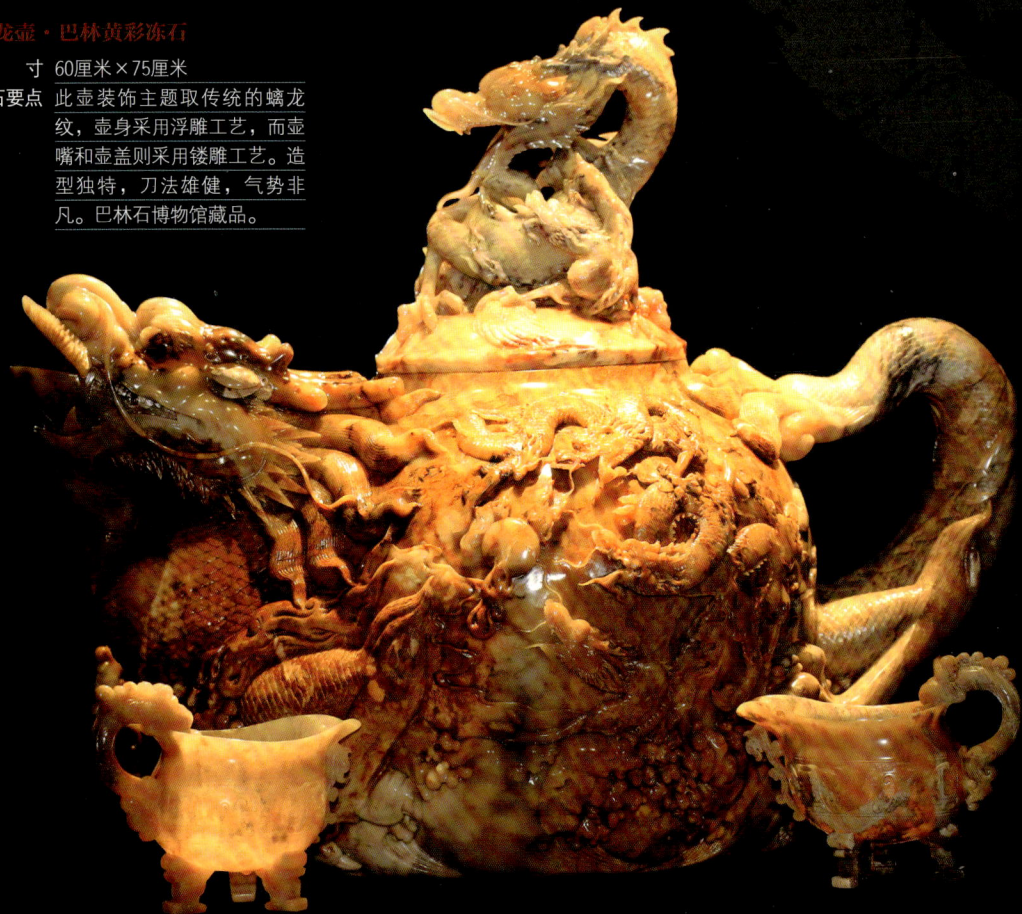

童子戏佛·巴林酱油冻石

尺　　寸　15厘米×15厘米

鉴石要点　一顽童坐在佛的肩膀上，另一顽童抱着弥勒佛的右腿，三人造型憨态可掬，意趣盎然。

螭龙穿钱·巴林粉冻石

尺　　寸　17厘米×20厘米

鉴石要点　两只螭龙在钱币间嬉戏，
　　　　　首尾呼应，姿态威武，寓
　　　　　意龙腾富贵。

【质地】

冻石具有较高的透明度，对其质地的品评尤为重要，好的质地应该具有"细、结、润、腻、温、凝"的特点。细，指质地不粗糙，致密细滑；结，指的是质地不松软，结构紧密；润，指的是质地不浮散，庄重聚散。反之，如果质地"粗、松、脆"则会大大影响其质量。粗，指质地粗糙，入手干涩，全无光泽；松，指质地不紧密；脆，指质地坚硬疏松，易破碎或出现裂纹。

【图案】

巴林冻石中有些会出现一些惟妙惟肖的图案，如水草、鱼子、米穗等，图案越独特、清晰，价值就越高。

【颜色】

或者是颜色纯正、鲜明，不含一点杂色，如水晶冻、桃花冻、牛角冻，或者是颜色多样多彩、协调匹配，如文颜冻、三元冻等，价值就越高。如果颜色单一且欠纯正，颜色多样且欠鲜明，价值就会降低。

对弈·巴林金箔冻石

尺　寸　18厘米×16厘米

鉴石要点　内容丰富，刀法细腻，在方寸之上布局出人物、山石、松景，两位老者于山间对弈，雅致生动。

代沟·巴林黄冻俏色石

尺　　寸　8厘米×15厘米

鉴石要点　冻石属于巴林石中佼佼者，质地温润，颜色艳丽，富有灵性。

初春·巴林黄花冻原石

尺　　寸　25厘米×30厘米

鉴石要点　黄花石是巴林石中的佳品，颜色主要以黄色为主，略有一些红色、紫色的过渡色。

生命的力量·巴林水草冻石

尺　　寸　30厘米×17厘米

鉴石要点　此石黑、黄、红各色搭配，外形如水雾升腾之中茂密的山林，头顶那几抹红艳的梅雪让整个画面显得更加深邃、旷远和朦胧。

芙蓉冻、荔枝冻、牛角冻、墨玉冻、虾青冻、蟹青冻、蓝天冻、朱砂冻、胭脂冻、黄金冻、灯光冻等品种。

清色类冻石质地细腻脂润如冻，颜色较深的为上品，具有极高的收藏价值。比如灯光冻，是黄色冻石中冻化程度较深的品种。半透明至透明，从浅黄色至棕黄色均有产出，石质娇嫩，晶莹闪烁，将其置于灯光之下，更是交相辉映，如梦如幻。

火红希望·巴林红泥冻石
尺　寸 30厘米×40厘米
鉴石要点 此石满体鲜浓、沉厚的泥红色，色彩深重、饱满、浓密，地子暗中透爽，密里莹纯，宛若一团鲜湿着的红胶泥。

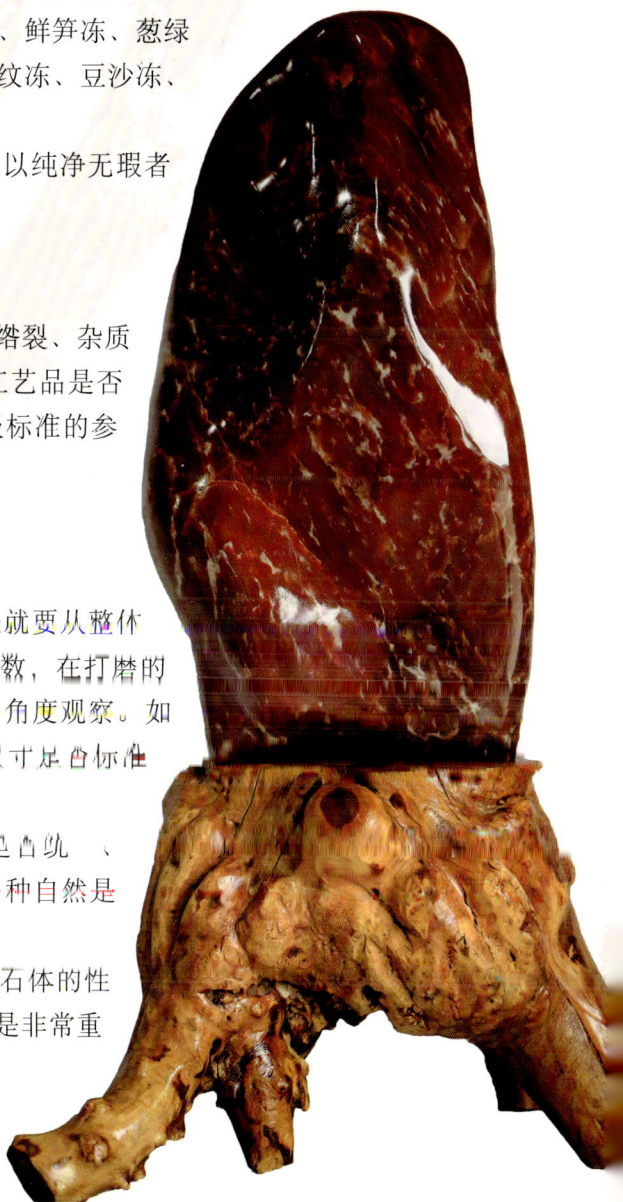

【混色类冻石】

有多种莹丽的色彩的巴林冻石归于混色类冻石，如：雾凇冻、檀香冻、鱼籽冻、云水冻、紫云冻、鲜笋冻、葱绿冻、米花冻、柏叶冻、紫夕冻、银沙冻、流纹冻、豆沙冻、羊角冻、藕荷冻等。

混色冻石石质细腻，微透明至半透明，以纯净无瑕者为佳。石质温润受刀，不易出现绺裂现象。

巴林冻石的鉴赏与辨伪

巴林冻石的鉴赏主要根据形、色、地和绺裂、杂质等几个方面进行观察。最后是鉴赏石体或工艺品是否有绺裂和杂质等几个方面。同时，也是定级标准的参考要素。

【鉴赏要点】

形，即形状。拿到一块巴林冻石，首先就要从整体观察它的形状适合做什么材料，做到心中有数，在打磨的时候要做到因材施艺。对成品的形状也要多角度观察。如观察一枚巴林冻石印章时，首先就要看其尺寸是否标准方正等。

色，是指颜色。看冻石或成品的颜色是否统一、协调，光色是否鲜明等。色彩纯正鲜明的品种自然是上品。

地，是质地，包括冻石的软硬、脆绵等石体的性质，还包括其透明度等。质地在鉴赏冻石中是非常重要的一关，须仔细观察。

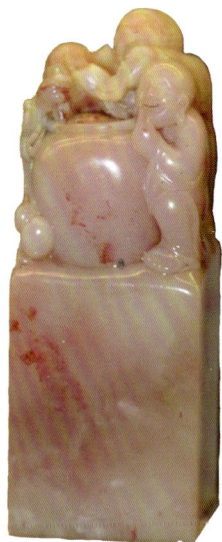

巴林芙蓉冻石钮章
尺　　寸　10厘米×10厘米×15厘米
鉴石要点　佛仙类人物钮是巴林石雕的常见题材，很多都是以民间喜闻乐见的人物或故事为素材。

巴林荔枝冻石福寿双全钮章
尺　　寸　4厘米×4厘米×12厘米
鉴石要点　弥勒是佛教中释迦牟尼的弟子，本名"阿逸多"，号"弥勒"，其造型多袒胸露腹，神态慈祥。

巴林绿冻石瑞兽钮章
尺　　寸　6厘米×6厘米×20厘米
鉴石要点　瑞兽多为狮子、貔貅等造型，或其演变而来的，仪态威猛，形象多变。

巴林青冻石素章
尺　　寸　5厘米×5厘米×20厘米
鉴石要点　青色的地子上零星散布着红色的鸡血，纹理细腻油润。

巴林水草冻石方章
尺　　寸　5厘米×5厘米×20厘米
鉴石要点　白色的冻地上仿佛长出一束束天然的水草，临风飘摇，可谓奇观。

巴林桃花冻石素章
尺　　寸　5厘米×5厘米×20厘米
鉴石要点　黄、青色地子上呈现片片红块，浓艳如丹，光彩四射。

【定级标准】

巴林冻石分为四个品级：

一是绝品，这类冻石的质地晶莹润泽，没有绺裂，有较高的透明度，且块度适中，包括有着惟妙惟肖的图案的冻石，或者是蓝绿色冻石，且面大色正。

二是上品，这类冻石的质地细腻凝结，透明度较高，色泽纯正，浓淡适宜，石质不软不硬，非常容易受刀。这类冻石还包括质地非常纯正，无一点杂色的冻石，或者是质地好又有独特图案的冻石，如水草冻、三元冻。

三是中品，这一类冻石的透明度稍差，颜色也不是很纯正鲜明，可以稍含钉绺或裂纹，但不能影响质量。

四是下品，归于这一类型的冻石主要是质地不佳、绺裂较多，或是透明度较差。

巴林冻石的保养

巴林冻石的保养不同于一般观赏石，有一些特殊的要求。首先是冻石在打磨后需要上层保护膜，其次是在摆放的时候要注意环境的温度和湿度，环境不能太干燥，不能长期日晒，要经常检查样品。检查时要上蜡或上油，不断增加石品的光泽和养护，防止出现裂纹等。

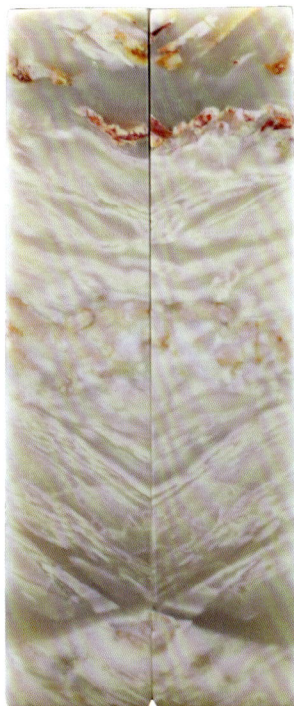

对章·巴林湘竹冻石

尺　寸　4厘米×6厘米

鉴石要点　"湘妃思君点点泪，竹叶留下斑斑痕"。此冻石对章上斑斑点点，形似湘竹，也有节节高的寓意。

表5　巴林冻石品级特点

名称	等级	技术要求					
		颜色	质地	垴枇	硬度	质量	密度
冻石	特级	颜色纯净，层次分明。	质地纯净、细腻、温润，透明至半透明。	有杂、无绺、无裂。	2~4	质量大于0.3，成品不要求。	2.4~2.7
	优级	整体颜色稍混杂。	质地纯净、细腻、温润，半透明至微透明。	无杂、无绺、不裂。	2~4		2.4~2.7
	一级	整体颜色混杂。	结构均匀，但质地稍浑浊，半透明至微透明。	无裂，略有杂质和绺纹。	2~4	不要求。	2.4~2.7
	二级	整体颜色混杂。	质地浑浊，微透明。	有裂纹，有杂质，绺纹较多。	2~4		2.4~2.7

注：质量单位为kg；硬度单位为摩氏硬度（度）；密度单位为g/cm³。来源：《巴林石标准》。

年年有鱼·巴林羊脂冻石

尺　　寸　25厘米×45厘米

鉴石要点　采用浮雕和镂雕的技法，在石上雕刻出随波竞游的鱼儿，碧波漫卷，水气弥漫，气势非凡，令人称绝。

山丘·巴林玛瑙冻原石

尺　　寸　6厘米×8厘米

鉴石要点　颜色呈半透明状如玛瑙，光彩烂漫，常见红、黄二色。

远古记忆·巴林水草冻石

尺　　寸　20厘米×40厘米
鉴石要点　水草分布在淡黄色的地子上，就好像
　　　　　火山从地壳底层喷薄而出一般。

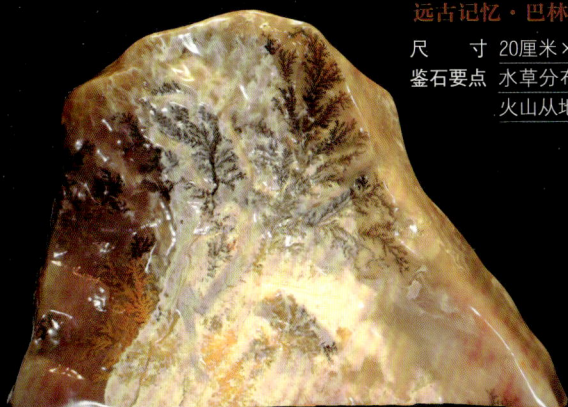

棱角·巴林灰冻石

尺　　寸　23厘米×31厘米

葡萄摆件·巴林彩冻石

尺　　寸　10厘米×10厘米
鉴石要点　葡萄藤枝蔓延，果实累累，象
　　　　　征富贵长寿。

巴林冻石瑞兽方章

尺　寸　4厘米×4厘米×9厘米

鉴石要点　瑞兽神态各异，或回首眺望，或仰天长啸，趣味盎然。

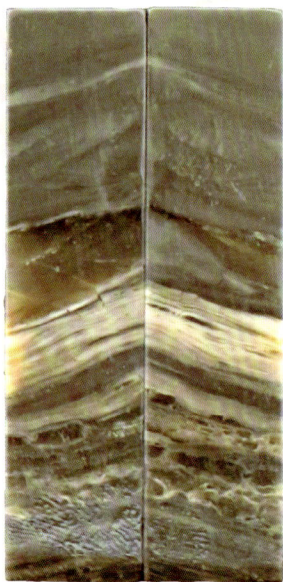

巴林金箔冻石对章

尺　寸　4厘米×4厘米×16厘米

鉴石要点　石体盈润清悠，色脉金黄橙艳。肌体中微小颗粒紧密聚集为大小片状，金属片状一般层叠，金箔一样的质感强烈。

巴林凤羽冻石森林之影方章

尺　寸　4厘米×4厘米×16厘米

鉴石要点　质地细腻，地色纯净，中间有类似树枝一样的图案，挺拔向上，自然随性。

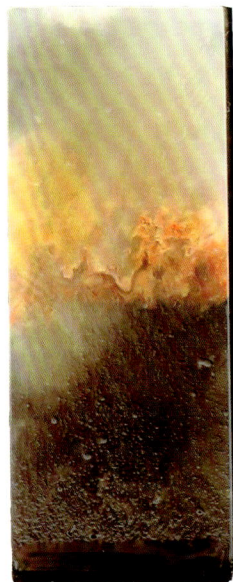

巴林青冻石秋日方章

尺　寸　10厘米×9厘米

鉴石要点　黑色的地子上漂浮着红黄色的絮，如烟如雾，就像秋日里广袤的田野。

蝶恋花·巴林水晶冻石

尺　　寸　17厘米×15厘米

鉴石要点　俏色巧雕，一只黑色的蝴蝶
落在结满果实的枝头上，惟
妙惟肖。

财源广进·巴林粉冻石

尺　　寸　11厘米×9厘米

鉴石要点　质地纯洁如玻璃一般，一只貔貅滚着一颗
　　　　　水晶球仰天长啸，寓意财源广进。

群鱼戏藻·巴林鲜楂冻石（正背）

尺　　寸　25厘米×30厘米

鉴石要点　石质不透明，颜色如山楂，采用圆雕、镂雕等技法，将
　　　　　鱼群雕刻得活灵活现。

十八罗汉之举钵罗汉·巴林虾青冻石

尺　　寸　16厘米×13厘米×25厘米

鉴石要点　18个罗汉采用虾青冻石雕刻而成，形态各异，面目传神。此尊为举钵罗汉，铁钵高举，赴民间化缘。巴林石博物馆藏品。

十八罗汉之探手罗汉·巴林虾青冻石

尺　　寸　16厘米×13厘米×25厘米

鉴石要点　呵欠伸腰，神志灵通，自得其乐。

十八罗汉之骑象罗汉·巴林虾青冻石

尺　　寸　16厘米×13厘米×25厘米

鉴石要点　气宇轩昂、颂经朗朗，常心怀民间、普度众生。

十八罗汉之托塔罗汉·巴林虾青冻石

尺　　寸　16厘米×13厘米×25厘米

鉴石要点　七层宝塔、佛法通灵，威而不怒、道行超群。

十八罗汉之坐鹿罗汉·巴林虾青冻石

尺　　寸　16厘米×13厘米×25厘米

鉴石要点　端坐神鹿、若有所思，泰然自若、清高自赏。

十八罗汉之过江罗汉·巴林虾青冻石

尺　　寸　16厘米×13厘米×25厘米

鉴石要点　身负经卷、东渡传经，跋山涉水、普度众生。

十八罗汉之开心罗汉·巴林虾青冻石

尺　寸　16厘米×13厘米×25厘米
鉴石要点　开心见佛、各显神通，相互比
　　　　　试、佛力无穷。

十八罗汉之笑狮罗汉·巴林虾青冻石

尺　寸　16厘米×13厘米×25厘米
鉴石要点　童心不泯，喜欢经常将小狮子
　　　　　带在身边，怡然自得。

十八罗汉之欢喜罗汉·巴林虾青冻石

尺　寸　16厘米×13厘米×25厘米
鉴石要点　妖魔除尽、玉宇澄清，扬手欢
　　　　　庆、心花怒放。

十八罗汉之沉思罗汉·巴林虾青冻石

尺　寸　16厘米×13厘米×25厘米
鉴石要点　在沉思中悟通一切，超凡
　　　　　脱俗。

十八罗汉之静坐罗汉·巴林虾青冻石

尺　寸　16厘米×13厘米×25厘米
鉴石要点　清净修心、神态自若，安详瑞
　　　　　庆、进彼极乐。

十八罗汉之挖耳罗汉·巴林虾青冻石

尺　寸　16厘米×13厘米×25厘米
鉴石要点　闲逸自得、怡神通窍，横生妙
　　　　　趣、意味盎然。

十八罗汉之布袋罗汉·巴林虾青冻石

尺　寸　16厘米×13厘米×25厘米
鉴石要点　乾坤宝袋、无量寿佛，欢喜如意、其乐陶陶。

十八罗汉之芭蕉罗汉·巴林虾青冻石

尺　寸　16厘米×13厘米×25厘米
鉴石要点　悠闲隐逸、傲视太虚，仙风道骨、超脱凡尘。

十八罗汉之长眉罗汉·巴林虾青冻石

尺　寸　16厘米×13厘米×25厘米
鉴石要点　慈祥老者、得道高僧，可通察大千世界。

十八罗汉之看门罗汉·巴林虾青冻石

尺　寸　16厘米×13厘米×25厘米
鉴石要点　威武标杆、警觉凝视，禅杖在握、勇祛邪魔。

十八罗汉之降龙罗汉·巴林虾青冻石

尺　寸　16厘米×13厘米×25厘米
鉴石要点　智慧与勇气并重，降服龙王取回佛经。

十八罗汉之伏虎罗汉·巴林虾青冻石

尺　寸　16厘米×13厘米×25厘米
鉴石要点　以慈悲为怀，将自己的饭送给猛虎，最终感动生灵，修成正果。

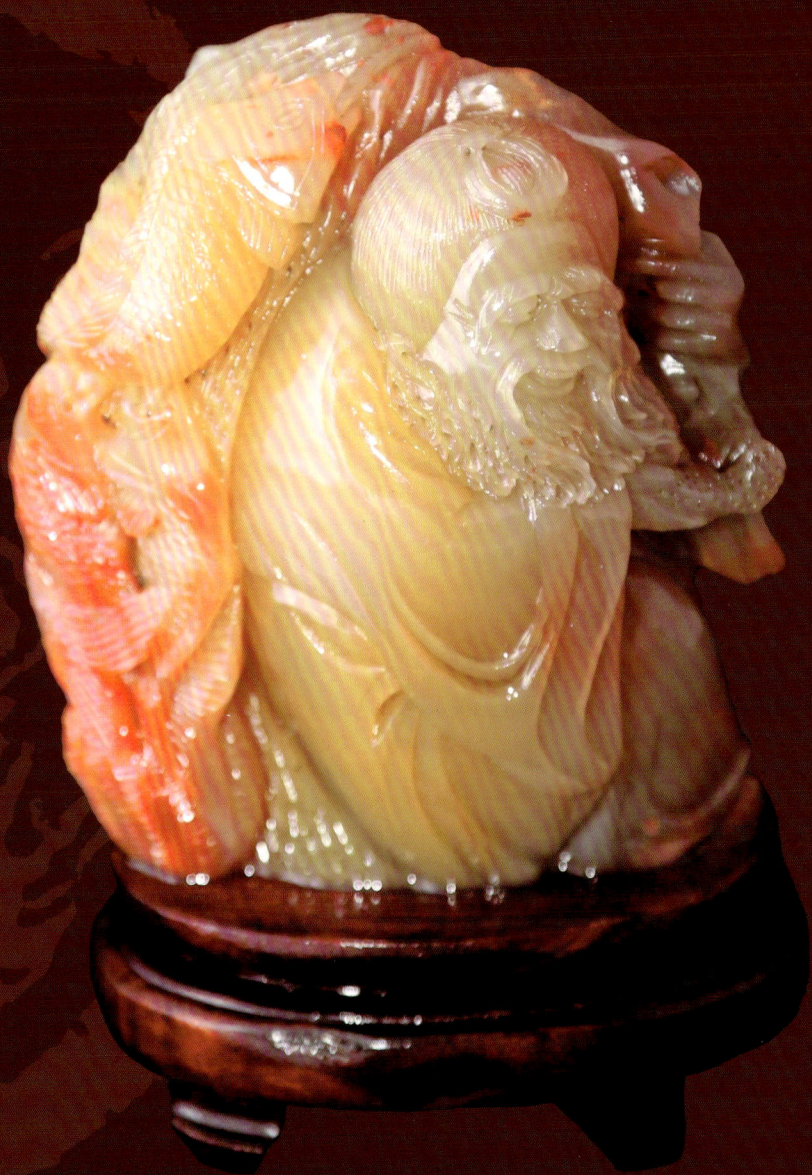

渔翁得利·巴林彩冻石

尺　　寸　10厘米×14厘米×5厘米

第二章

收藏有门，

专家手把手教你正确买卖

独具魅力的巴林石印章

印章，又称"印信"，自古至今是信用的证物和权力的象征，我国的印章历史、源远流长，印章三千年，是一部印信史，更是艺术史。秦以前，无论官、私印都称"玺"，秦统一六国后，规定皇帝的印独称"玺"，臣民只称"印"。汉代也有诸侯王、王太后称为"玺"的。唐武则天时因觉得"玺"与"死"近音（也有说法是与"息"同音），遂改称为"宝"。唐至清沿旧制而"玺""宝"并用。

四大印石之北方派

印章根据历代人民的习惯有："印章"、"印信"、"记"、"朱记"、"合同"、"关防"、"图章"、"符"、"契"、"押"、"戳子"等各种称呼。先秦及秦汉的印章多用作封发对象、简牍之用，把印盖于封泥之上，以防私拆，并作信验。而官印又象征权力。后来简牍易为纸帛，封泥之用渐废。印章用

童子戏象钮章·巴林三彩石

尺　　寸　4厘米×4厘米×8厘米
鉴石要点　童子形态生动传神，雕刻工艺简洁、流畅，具有极高的艺术欣赏价值。

朱色钤盖，除日常应用外，又多用于书画题识，遂成为我国特有的艺术品之一。从古至今，印章的制作材质有金属、木头、石头等。

〔细腻的质地〕

由于质地细腻，容易受刀，巴林石成为中国的四大著名印章石之一，因此将石头加工或雕琢成印章是巴林石最为常见、最基本的造型。另外，印章这种大多六面或五面（钮章）见方的石头形态，最能展现石头的内在品质。特别是方章，俗称"裸章"，这种印章不加任何修饰，但也正是因为如此才能完全展现制作印章材料的石质。一枚方章在手，石头的好坏便会完全暴露在阳光下。

〔费料的雕刻〕

雕刻印章很耗费石材，比如，要雕刻一枚方章往往可能要用其体积5倍以上的石料才可切割而成。

这是因为，方章有六个面，如果要使每个面都完美无损，就需要在大量的石材中精挑细选。即便是这样，这在一块原石石料中也并不容易做到。因为一块原石毛料不可能全部都是可用之物，其中或多或少会含有杂质。

石料中比较好的部分往往都是以脉线的方式出现，或集中、或松散、或粗壮、或纤细。可能在某个部分地子很清透，色彩很靓，但相连的区域却非常糟糕，可能全是粗硬杂石。也可能是地子相色彩仍不错，但其中却或多或少掺杂了几响灰色和硬石讲点。

再就是巴林石小常时多以爆破的方式拼行，原石采出难免有爆裂裂纹。又加上石头原深藏于地下，十分湿脆，见光前若处理不当，也极易损毁、开裂。因此，从原石中切割出有一定规格的六个方形面，通体优质的一块石头障碍重重，浪费甚大，实属不易，这也是人们很看重印章的原因之一。

〔多变的造型〕

印章的种类很多，按照造型来分类有圆章、扁章、方章、随形章、钮头章、连章、链章、组章、对章等。在诸多造型中，以常见的方章最受人们青睐。这是因为方章有"方正"的寓意。在古代，怀才不遇的文人墨客喜以清清白白、

两个和尚抬水喝·巴林橘红石

尺　寸　5厘米×12厘米

鉴石要点　采用浮雕技艺，两个和尚抬着水桶从松下走过。

方方正正地做人自居。由于方章具有"方方正正"的特点，取石又常以纯净为原则，加上方章之材难得，可以唤起他们以石材喻人才的联想。由此，喜好方章成为一种时尚，并一代代沿袭下来。

在制作印章的时候，首先要考虑的是其能不能制成方章，如果材质不够工整难以制作方章，才会再考虑换成其他造型的印章。那些外表看起来做工复杂的雕钮章，多是石材本身质地不佳，或顶部存在杂质、颜色、形状不规整，通过雕钮来弥补这类瑕疵。当然，也有的印章雕钮纯粹是为了美观，通过艺术加工进而增加印章的价值，将质地上佳的材质雕刻成钮，这一类型的印章在巴林石收藏早期价格不高的时候表现的非常明显。

除了方章之外，市场上常见的还有随形章、对章、兄弟

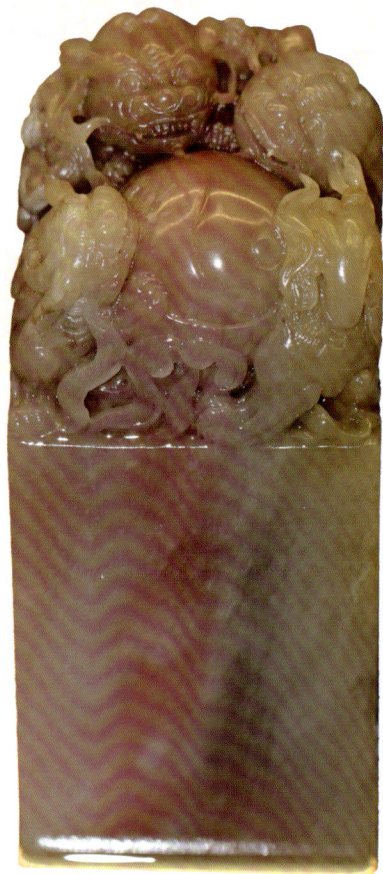

狮子戏球钮章·巴林彩冻石

尺　　寸　5厘米×5厘米×20厘米
鉴石要点　狮为百兽之王，是权力与威严的象征。四只狮子呈卧状，中间雕一绣球，狮子的眼睛炯炯有神目视前方，张口露齿，做工精细。

龙戏珠钮章·巴林多彩冻石

尺　　寸　5厘米×5厘米×10厘米
鉴石要点　颜色艳丽，龙珠钮饰线条流畅，寓意富贵祥瑞。

章、母子章等。随形章是石料未经裁切成型，仅将原石的一面磨平做为印面，以致印面呈现出不规则形状的印章。对章是将同一块材质的石料对切，长宽、高矮相同，但纹路走向相反而对称的两枚印章。兄弟章的裁切方式如同对章，但因另一方印脚可能因杂质或瑕疵予以切除，以致其高矮不一的印章。母子章是材质、雕工外观造型相同，但尺寸大小不同的两枚印章。

不论是方章还是钮章、随形章、链章，每一种类型没有绝对的好坏高低，只要是材质和雕刻运用得当，都会成为好的藏品。比如，随形章有一种天然的趣味，方章则令人滋生正气凛然、高贵神圣的感觉，扁章既有方章的严肃而又有随形章的轻松自然，圆章则给人一种温顺圆润的东方审美情趣，椭圆章具有中和而灵巧的韵味。

每种印章都有独特的品位，这也是从古到今人们一直钟情印章的原因之一。甚至有人认为"万般皆下品，惟有印章高"，此种说法虽然有些偏激，却不无一定的道理，至少，印章品位极高是可以肯定的。

开料有讲究

印章种类繁多，内容繁杂，包含了中国博大精深的历史文化和源远流长的艺术发展史。不仅如此，其美学价值也是令人痴迷的。印章的美学价值包括印章的艺术美和印章的材质美，其艺术之美又可分为印文、印款、印谱以及印饰。

〔选料〕

如何选择印石是制作印章的第一步，也就是开料。巴林鸡血石色彩斑斓，纹理奇特，质地温润，似玉非玉。既具寿山石古朴凝重的材质，也具青田冻石通灵细润的质感，成为众多石材中难得的品种。所以在开料中，一定要非常谨慎，千万不可轻率下锯切割，否则将造成巨大的损失。

〔用料〕

为了更加合理地利用资源，开料前首先应将鸡血石原料放入清水中，用毛刷将泥土刷去。

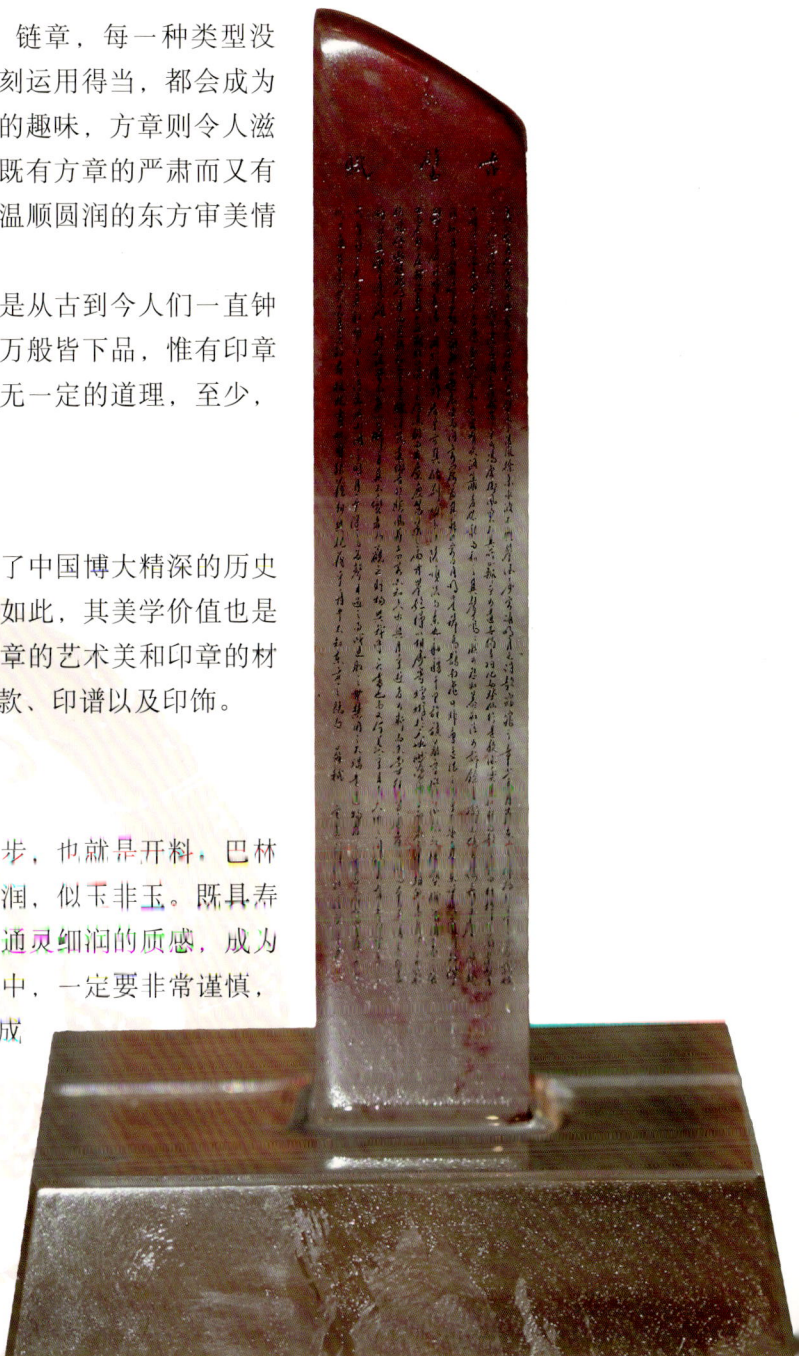

微雕印章·巴林红花冻石
尺　寸　5厘米×5厘米×6厘米
鉴石要点　微雕北宋文学家苏轼的《赤壁赋》，笔法苍劲有力，字体圆润。

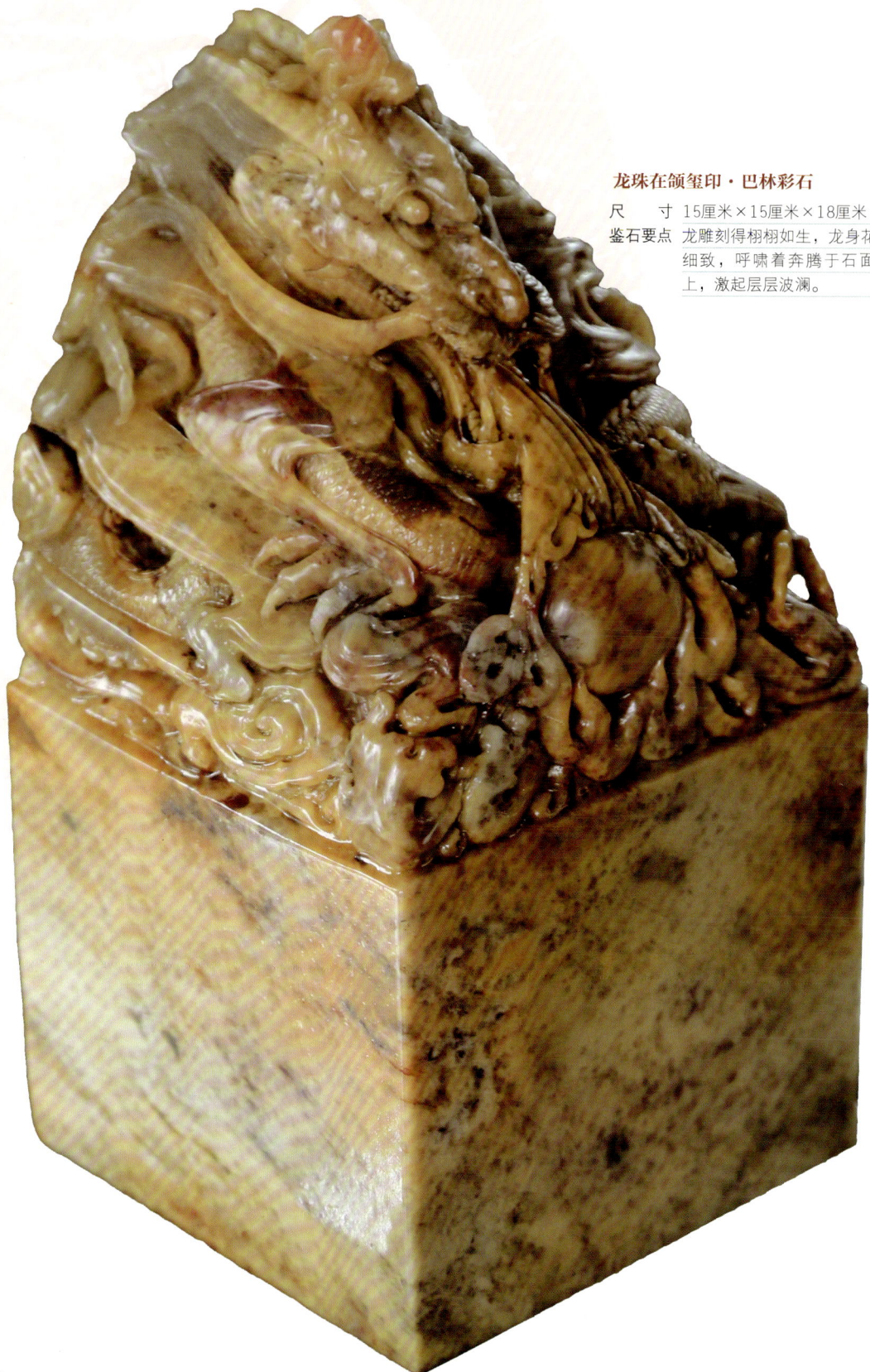

龙珠在颌玺印·巴林彩石

尺　　寸　15厘米×15厘米×18厘米
鉴石要点　龙雕刻得栩栩如生，龙身花纹
　　　　　细致，呼啸着奔腾于石面之
　　　　　上，激起层层波澜。

有的鸡血料石表面包裹着一层黄色石皮，这层石皮很坚硬，会损伤锯齿，须用小锤轻轻打去这层石皮，敲打时不可用力过猛，如果在料石上打了许多白斑，反而会影响观察血脉的走向。然后用粗砂纸轻轻打磨，稍露本色即可。

在去掉粗糙石皮后，要对料石进行多方面仔细观察。一是看鸡血红的多少及走向分布。二是看料石的地子是否温润透明。三是看料石的颜色及可能出现的变化。这三个条件都具备的中上等水准的鸡血料石，就属难得了。

【辨料】

鸡血的分布一般呈脉状，也有呈点状和丝状的。以大面积的鸡血为胜；以向下蜿蜒如流为奇；以满布血点为巧。鸡血石的红色，以正红色为佳。颜色偏淡的称为嫩，颜色偏黑紫的称为老。鸡血红色偏嫩尚有可赏玩余地，如果偏老至紫红色，鸡血表面有一层闪光的金属光泽时（如同红汞水干燥后的光泽），则不可救药，基本上无观赏收藏价值了。

印材地子的透明程度及温润对于鸡血石也是相当重要的。如果一块透明度相当高的印章，中间若隐若现，若即若离地漂浮着缠绵血脉，这方印章一定会使行家拍手叫绝，身价倍增。

反之，如地子是干燥的瓷白，那么即便鸡血的面积不小，也不会有太大的观赏收藏价值。鸡血石应以浅色纯净的地子为佳，不应选用过于繁杂的花纹，应以素净的地子为第一选择。尽量躲开红花石地子，即使不能全部躲开，也要大部分躲开，以保存鸡血的价值。

【品料】

鸡血石印章要结合几方面的优点，才能称为上品。所以，当制作者得到一块优质的料石时，先不要急于切割。要看清血脉的走向，用墨笔画出锯口的位置，将鸡血部分合理分配，同时力求在鸡血集中的地方选出一方或几方血色上好的印章，因为几方血色分散的印章是抵不上一方上品印章的。如果鸡血呈脉状存留在料石时，在切割时要充分注意这种特性，并根据这种特性，采用一些开料技巧，使鸡血料石增值。

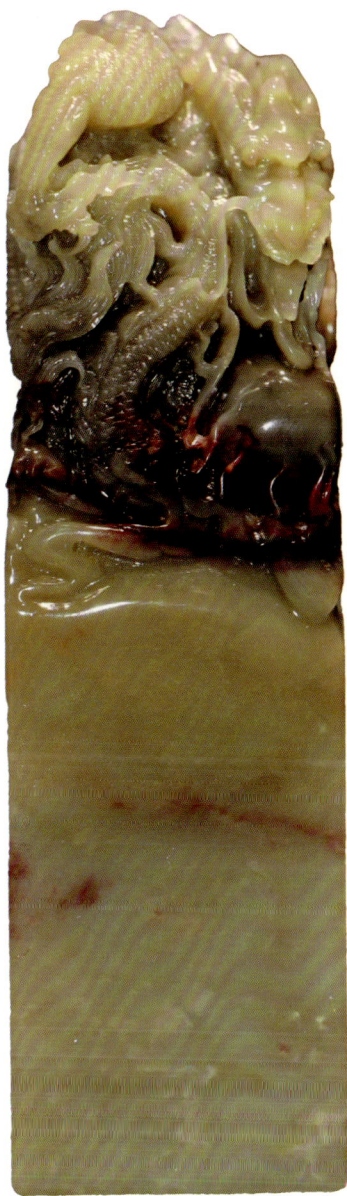

骊龙护珠方章·巴林冻石

尺　　寸　3.1厘米×3.1厘米×9厘米

鉴石要点　《庄子·列御寇》称："夫千金之珠，必在九重之渊而骊龙颔下。"此印章石质微透明，有红、白、黄、黑等色，色泽鲜艳，色界分明，一条骊龙盘踞其上，寓意飞黄腾达。

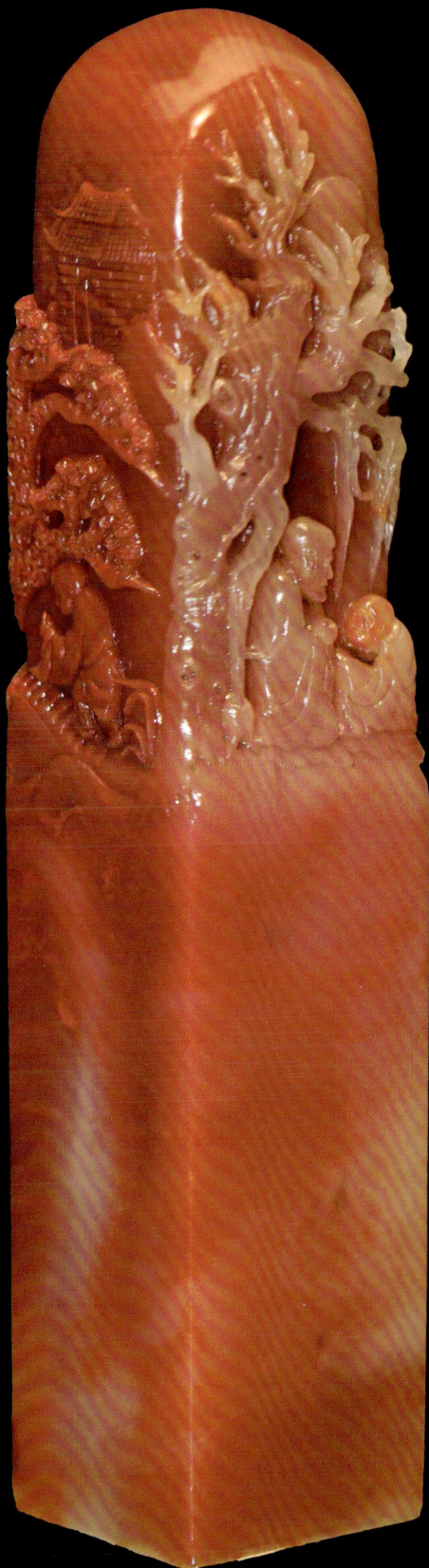

麒麟钮方章·巴林彩石

尺　寸　3厘米×3厘米×15厘米

鉴石要点　麒麟是中国神话传说中的神
兽，性情温和，据说能活两千
年。古人认为，麒麟出没处，
必有祥瑞。

松下问童子方章·巴林朱砂冻石

尺　寸　4厘米×4厘米×9厘米

鉴石要点　通体如朱砂一样鲜艳，细腻温
润，雕刻题材取自唐诗"松下
问童子，言师采药去"。

狰钮章·巴林粉冻石

尺　　寸　8厘米×8厘米×9厘米

鉴石要点　狰是传说中的神兽，《山海经》载　"又西二百八十里，曰章莪之山，无草木，多瑶碧。所为甚怪。有兽焉，其状如赤豹，五尾一角，其音如击石，其名如'狰'"。

巴林牛角地鸡血石素章

尺　　寸　3厘米×3厘米×13厘米

鉴石要点　血色鲜艳，血脉走势灵动，如丝缕状在章体中弥绕，与斑斓的地色交相辉映。

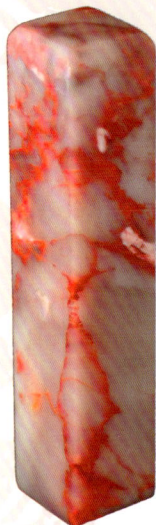

巴林大红袍鸡血石素章

尺　　寸　3厘米×3厘米×15厘米

鉴石要点　鸡血分布均匀，遍布印章各面，形如网状的血脉仿佛溶入冰层，分外清新、鲜润和水嫩。

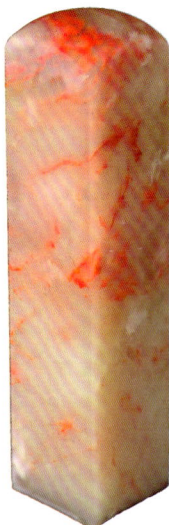

巴林彩冻鸡血石素章

尺　　寸　3厘米×3厘米×12厘米

鉴石要点　血脉如同云遮雾罩般奇幻，红云飞度，轻轻地游荡漂浮，带来了令人浮想联翩的梦境。

〔开料〕

切割料石时，根据血脉走向，把锯口对准血脉层状走向，直接切在血脉的正中间。这样的开料法，一般人是不会干的，因为鸡血料石的价格十分昂贵，这样的损失显得很大。实际上，表面看鸡血被锯不少，而在锯口两边得到的却是面积很大的鸡血，可以大幅度提高其价值。可血脉过细就不能采用这种开料方法了。采用这种开料方法直切血脉的开料法，需要有较高的技术，行锯要稳，锯口要正，切面只允许少量加工。开料技术不熟练的人，尽量不要采用此法。

雕工真功夫

巴林石软、细、老、巧、纯、透，颜色丰富，无杂无绺，是工艺雕刻的极好原料。巴林石雕刻难度大，手法须既"雕"又"琢"，因此不能把有用的料"雕"掉，须在选料、下料、打坯、放洞、镂空、精雕、配座、打光、上蜡等多种工序上一丝不苟地下工夫。

〔精湛的雕刻艺术〕

巴林石雕在挑选原料的基础上，继承我国传统雕刻艺术，借鉴、吸收、融合国画的工笔白描手法以及玉雕的色彩

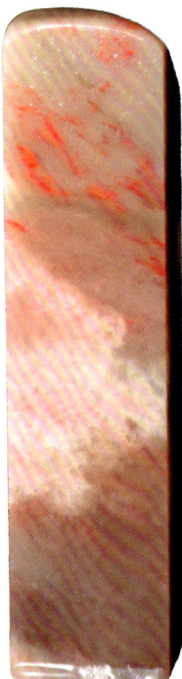

巴林金银冻鸡血石素章

尺　　寸　4厘米×4厘米×15厘米

鉴石要点　石质细腻温润，白中透黄，一条条的鸡血排列有序，似天边的晚霞一般灿烂多姿。

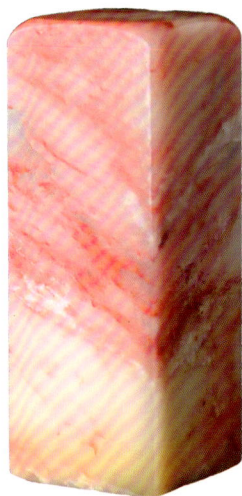

巴林黄冻鸡血石素章

尺　寸	3厘米×3厘米×9厘米
鉴石要点	质地温润、细腻，极富神韵和灵性。相衬之下的血色自然红得更加娇艳、浓烈。

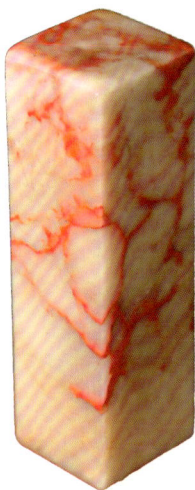

巴林胭脂红鸡血石素章

尺　寸	4.5厘米×4.5厘米×15厘米
鉴石要点	质地洁白凝练、细腻通透。血色明耀炫灿、十分鲜活艳丽，血脉走势灵动，呈片状，在章体上轻盈飘逸，浪漫而富有活力。

选择、骨雕的镂空技艺，发挥凿、铲、雕、剔、蚀、刨、刮、钻、拉等工艺，精心加工雕镂，方能创作出形体清晰、层次分明、玲珑剔透的佳品。

【繁多的品类】

巴林石雕产品主要分彩雕、图章两大类。雕件中有人物、动物、山水、花鸟、虫鱼、文具、杂品7类，规格大小不一，大者盈尺，小者寸许。在造型上有突出草原特点的单马、群马及牛、羊、驼等；在传统作品上，有天女散花、神像佛祖等；在仿古器物上，有炉、鼎、瓶、博等；还有古朴典雅的亭台楼阁，玲珑剔透的花鸟草虫，实用与欣赏相结合的笔筒、台灯、手球、镇尺、墨盒等。

巴林石质地脆软坚实，容易奏刀，雕刻图章刀锋挺立，汲朱、不渗油、不伸缩、不变质，印文鲜明。图章分为平头、雕头、自然形状3类。平头章规格齐全，款式多样，印面小到0.5厘米，大到几十厘米；雕头章分为兽头、人物。兽头多为传统作品，有螭、龙、狮、凤、十二属相等；人物有八仙、寿星、西游记人物、罗汉等；仿古有八宝、琴棋书画等。自然形多为鸡血石、冻石料，有的利用天然形状、色彩兼以巧雕，成为有一定艺术水平的大型工艺品。

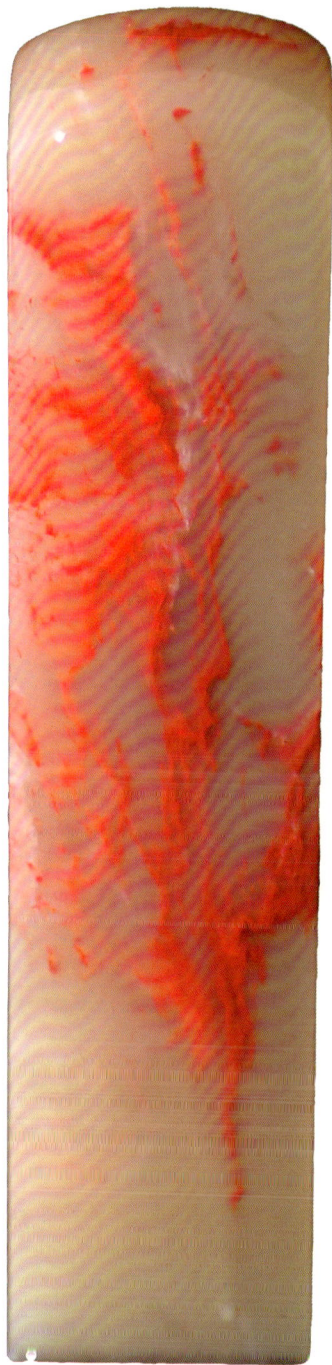

巴林三彩红鸡血石方章

尺　寸	3厘米×3厘米×13厘米
鉴石要点	石地上粉、白、灰诸色相间，将艳丽的血色明显地衬托了出来，看上去红光炫耀，质地亮灿，让人过目难忘。

雕件有内涵

"红山文化"时期，巴林石制成品大都是装饰品，如璜、珠、管等，雕刻工艺主要是磨制。辽及明清时期，加工方法不断进步。加工工具主要有锯、锉、钻、刀、铲和石英砂等。加工过程也日趋复杂，大都经过选料、画样、锯料、做坯、打钻、做细、磨光等工序，制成品也逐渐精细起来。当代巴林石雕，是在广泛吸收青田石雕、寿山石雕等技术和艺术风格基础上发展起来的。

〔题材〕

20世纪70年代初期，随着巴林石矿的开采，赤峰市区及巴林右旗相继开办石雕工艺美术厂，涌现出了大批雕刻人才。经过几十年的努力，赤峰地区的巴林石雕刻艺术有的以动物、人物见长，有的以花卉翎毛见长，有的以俏雕、微雕、图章制作见长，逐渐形成了各自的特色风格。一批有影响的作品先后面世，并进入优秀作品行列。《驯马》等被人民大会堂收藏，《骏马奔腾向未来》作为内蒙古自治区庆祝香港回归祖国的礼物赠送香港特区政府，《月夜群豹》等作品获国家级工艺美术奖，《松梅映血》、《熊猫》等被日本、香港等收藏家收藏。

〔雕工〕

印章的雕工大致有两类，一种做工精细，技艺精湛，无论是薄意还是圆雕，都惟妙惟肖，生动，有气韵，惹人喜爱；另一种相对朴素，但受传统文化的影响，虽然简约，却也不失自然大气，有一种稚拙古朴之美。看雕工，首先要看其印款。一件文房杂项的款可使其来历清楚，易于查证，如果再加上绝伦的雕工，那么它的收藏价值就低不了。如果是不带款印章，那就要看其刀法如何了。

〔刀法〕

刀法，即刻章时的用刀方法。篆刻刀法也有两种：冲刀法与切刀法。前者刻出的线条稳健挺拔，圆美流畅；后者刻出的印文线条毛茬多，显得古朴凝重。后来还出现了一种冲切兼用的刀法，兼取两者之长，而具体到每个治印方家又

人物巧雕老公公钮章·巴林彩石

尺　寸　3.2厘米×3.2厘米×8厘米

鉴石要点　俏色巧雕，老者面目慈祥，额头布满皱纹，见证了岁月的沧桑。

有自己独特的刀法。总之，看刀法主要看其字体是否美观流畅，章法是否严谨规范，边款和印文的搭配是否得当，边款刻得是否自然爽利。

【品评】

品评一方印章的优劣，可以说是一半观其料，一半察其工，雅石美玉固然难求，但有些印章材质虽然一般，但由于雕工精良，其收藏价值不可低估。说白了，印章艺术其实就是篆刻艺术，雕工非常重要。印章的文字通常有朱文和白文之分，一方完整意义上的印章除了印面上的文字外，治印者往往也会在印石的侧面或顶端刻些纪念性的文字，这就是人们通常所说的边款。无论是边款，还是印文，都以笔画疏密得当、布局巧妙、平衡感强者为上品。

印章的雕刻除印文的雕刻外，还应包括印钮的雕刻。在古代，等级制度比较森严，表现在材质上是皇家用玉印，官宦按品级分别用金印、银印、铜印等，高低分明，不得逾制。而表现在印钮则是，皇家用龙形印钮，官宦用兽形印钮，一般文人雅士则无印钮，或用比较素雅的瓦钮、博古钮等。收藏古印章时，一定要注意看印钮，不仅要看雕刻的形象，还要看印钮的雕工。

一般说来，印之佳者有三品：神、妙、能。印章长短大小符合方圆之制，印文无偏旁凑合之嫌，篆刻无懒散局促之失，清雅平正者便堪称印之能品；而婉转之中得情趣，稀密之中无拘束，空间挪计有依顾，不加雕琢、妙手天成者方能称为印之妙品；倘若刀工轻重两相宜，屈伸之间有神韵，笔未到而神到，形未存而神存者，那就可以算得上印之神品了。

命名有学问

印章的收藏与鉴赏一般包括三个方面：印材品种、形状特征和文字篆刻。印材品种是指印石的质地。形状特征主要包括印面和印钮，而篆刻文字在形式上则有古文、大篆（籀）、小篆、八体书、六体书的区别。从神韵上则又要看印中每字的篆刻是否连贯（篆法），布局是否合理、美观、新颖（章法），每一笔画是否丰神流动，或庄重典雅或滞涩等（笔法）、用刀是否力度合宜，充分体现笔锋和书法神韵。

人物巧雕老婆婆钮章·巴林彩石

尺　寸　3.2厘米×3.2厘米×6厘米
鉴石要点　雕刻者充分利用了石头的颜色优势，运用圆雕浮雕等技艺，将人物的面部表情雕刻得活灵活现。

巴林芙蓉冻石素章

尺　寸　4厘米×4厘米×9厘米

狮子滚绣球·巴林芙蓉冻石

尺　寸　6厘米×6厘米×15厘米

〔按图像或文字形体命名〕

按照印章上面文字或者图像的形体，可以分为阴(白)文印、阳(朱)文印、阴阳间文印。印章上文字或图像有凹凸两种形体，凹下的称阴文(又称雌字)，反之称阳文。

但古代的称法和现在正相反，因为古人是按照印章印在封泥上的印记来称阴阳文的，在封泥上呈现的阴文，在印章上却是阳文；在封泥上是阳文的，在印章上却是阴文。

因此，为了避免误会，就把阴文称为白文，阳文称为朱文。有的印章中杂有白文朱文，就称"朱白间文印"。

一般说来，古印中多为白文印，字体幽雅有古意，笔势壮健，转折处一气呵成。白文印字体一般肥而不失之于臃肿，瘦而不失之于枯槁，得心应手，妙在自然，最忌矫揉造作。朱文印始于六朝，盛行于唐宋，字体清雅，笔锋尽露，但笔迹不能粗，粗则显俗气。

〔按刻字数量命名〕

印章按照各面刻字的数量可以分为两面印、多面印、子母印。

一面刻字，另一面刻姓名，或一面刻姓名，另一面刻职位称号，或一面刻姓名，另一面刻吉语、图像等，凡两面都刻有印文的则称为两面印。

多面印即类推。两面印、多面印一般不能有印钮，只在中间凿一小孔以便穿带，所以又称"穿带印"。

两种或两种以上的印章套在一起以便携带的称为"子母印"或"套印"。

〔按文字排列命名〕

按照印章上文字的排列，可以分为回文印、横读印、交错文印。

回文即用来处理两个字的名印和字印，既可以防误读，又可使名的二字连为一体。其方法是把"印"字放在姓下，且在右，名的二字都在左，回环读之，则为"姓某某印"，而不读为"姓印某某"。

如"王从之印"四字，若通常刻法，不用回

文，易误为姓王名从，看不出为姓王名从之。横读印、交错文印极少见，一般只用来刻官衔和地名。如"司空之玺"，"司空"二字刻在上，"之玺"二字刻在下，这就叫做横读印。

交错文印就是以对角顺序而读。四个字的，第一个字在右上，第二个字在左下，第三个字在左上，第四个字在右下。如"宜阳津印"，"阳"字在"津"字下，"津"字在"宜"字左，但容易误读成"宜津阳印"或"宜印津阳"。

品鉴有手段

在鉴赏印章造型的时候一定注意印章的标准规格，精品印章的印面不能小于30毫米，最小也不能低于25毫米。印面与印身的标准比例关系也要1:4左右，至少也不能低于1:3以下。

老印章的鉴别

对于老印章的鉴别，仔细观察包浆是最有效的手段之一。这是因为老印章经过藏家多年的把玩，表面光润色泽温和，而人为做旧的印章表面则生涩呆板。其次各个时期的篆刻技法也存在差异。比如明清时期，刀法讲求稳、准、狠，各流派风格差异明显。所以藏家需要掌握一定的印章知识，特别是名家的历史背景和个人风格。最后，印章钮制的刀法也是辨别真伪的关键所在，明清印章钮制往往打磨得非常精细工整。

假印章的鉴别

值得注意的是，近年来，随着印章市场价值的不断走高，高科技也被应用到了印章造假上。作伪者将印章样本打印之后再复制到锌版上，并以酸性溶液腐蚀最终制成假印章。这种高科技造假，形质逼真很难辨别，唯一的缺点是不够自然生动。

假鸡血石、假田黄印章充斥市场，造假者以火烤、水煮、化工液体浸泡等手段制造各种名贵材质，甚至还有将磨碎的石粉加颜料后重塑成鸡血石的现象，所以买家应该掌握一定的石材辨认技巧，多接触实物真品，以能够识别寿山石、青田石、昌化石、巴林石等。

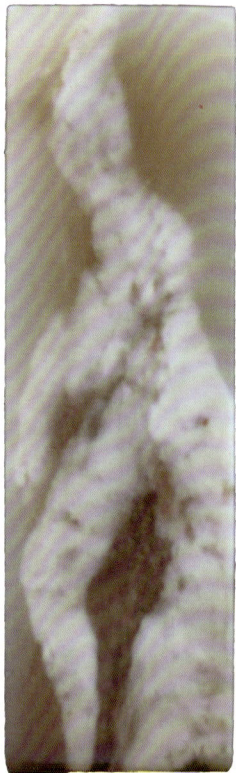

仕女图素章·巴林粉冻石
尺　寸 4厘米×4厘米×6厘米

巴林彩冻石素章
尺　寸 5厘米×5厘米×16厘米

独一无二的巴林石雕件

巴林石细腻润滑，晶莹如玉，自然色彩柔和协调，既是雕刻印章的石材，也是名贵的石雕材料。巴林石的自身特质决定了它的应用方向，功夫深的艺人注注能在保留巴林石的自然特质的同时，塑造出极具人文特色的艺术品。这样的艺术品浑然天成，其艺术价值超过其使用价值。

不可挑剔的珍品

巴林石的雕件多以寿山石、青田石所传承的传统题材为主，这是因为巴林石开采历史较短，至今不过几十年，没有传统雕刻技术可传承，虽经多方努力培养人才，但仍与已有七百多年历史，开创了石头圆雕与浮雕技法的寿山石无法比拟。

题材

巴林石雕最善长塑造鸟羽、马鬃、牛蹄、羊眼、草坪、花瓣等。最早时，巴林石雕件的题材主要以跟随寿山石以佛教题材为主，观音、弥勒、

渔翁·巴林彩石

尺　　寸　15厘米×25厘米
鉴石要点　原石色泽金黄，外裹一点黑皮，作者因石制宜，将黑色石皮雕刻成老翁渔网内的收获物。整件作品构思得体，雕工细腻。

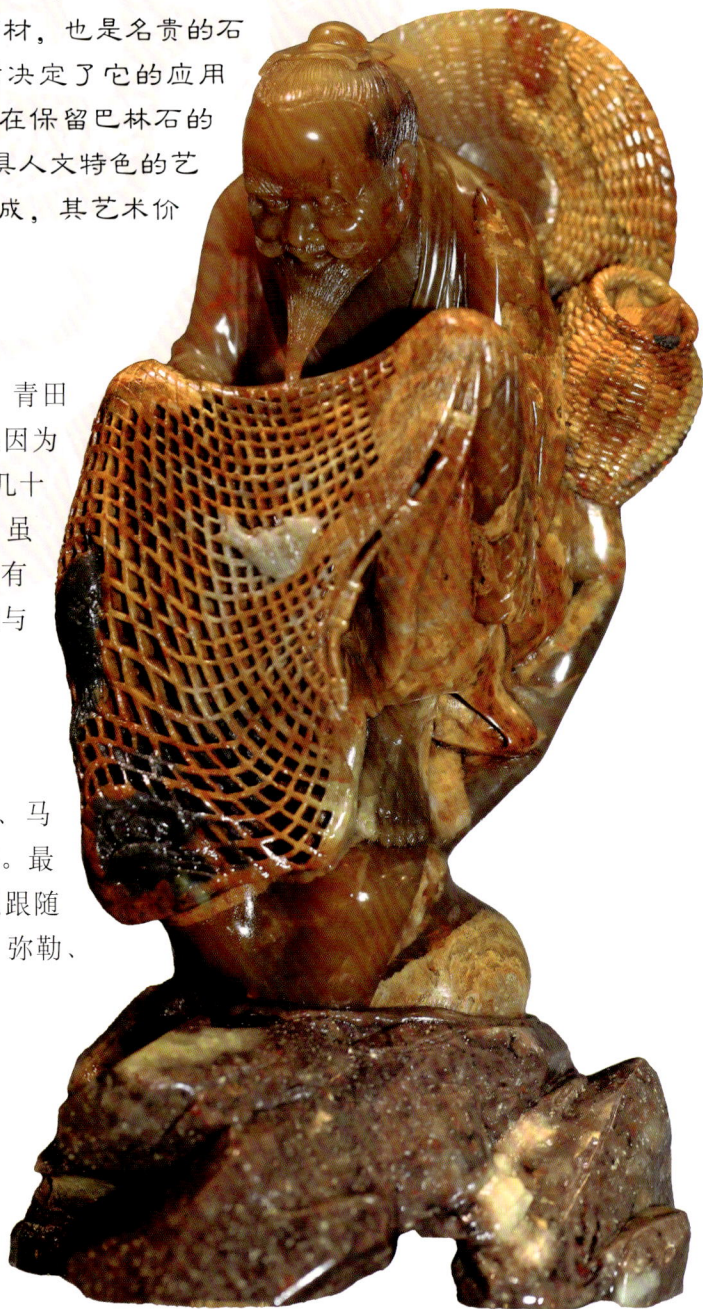

达摩、济公、罗汉等人物最为常见。此外，典型的历史传说、民间故事、神话传奇，以及古兽、动物、人物、花果等也有不少作品，总体比例上传统题材为多，现代和自然生态的内容比较少。几乎所有的雕件作品立题都是寓意祥和、洪福，总之是讲求好"意头"，图个吉祥。

〔配座〕

巴林石雕件无论是作为居家摆饰、案头清供，还是参加展览列于厅堂，都会遇到一个如何陈列的问题。石雕摆放需要配座，目前的配座有木质的，有石质的，还有根雕的。石雕配座配得恰当，就会在无形中提高石品的艺术身价；配得不好，石座之间不协调，不成一体，会不同程度地损坏石雕的气质。木座是巴林石雕最常见的一种底座。它一方面可以增添奇石的典雅气度；另一方面，巴林石雕件底部因不平而无法置稳的缺憾借此也得以弥补。

木座的材料以紫檀、红木为上品，黄杨木、柚木、榛木、桉木、枣木也不错。木座的雕制是一种雕刻艺术与镶嵌艺术的结合，尤其是镂底，要做到雕件坐上后严丝合缝，纹丝不动，绝非易事。漆以清漆为好，能显出木质天然纹理，且较素朴。

渔翁得利·巴林彩冻石（正背）

尺　寸　10厘米×14厘米×5厘米

鉴石要点　质纯细腻，精琢一渔翁形象，高额长髯，肩背鱼篓，满载而归，形态生动，"鱼"与"余"音近，代表富足有余，是先民渴求富裕的图腾崇拜，此器寓意"渔翁得利"即企盼有意外的财富降临。

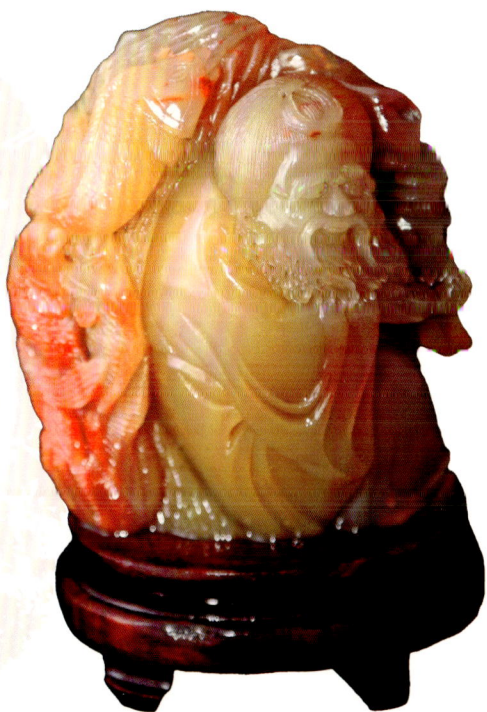

根艺座也是巴林石雕基座中的上品，多选用杜鹃、黄荆、紫薇等质地坚实、盘根错节的优质灌木根来制作。此类根座的特点是雅致而自然，是石艺珍品的理想根座品种，更能与自然的鬼斧神工相映成趣。

【材质】

鉴赏巴林石雕时首先注重的是材质，一件佳品应该符合"细、冻、纯、实、高、大"这六字诀。"细"即质地细腻光滑，外表有油润感；"冻"即透明度好，纹理清晰；"实"是指材质结实，没有或很少有裂纹；"纯"是指质地纯净少杂质；"高"、"大"是指材质的块度和形状较大。然而，在现实中，石材能全面达到这六字诀要求的，少之又少。所以，选材时首先应是石材的质地，在此基础上再去追求块度。在质地与块度不能两全的情况下，宁可求其质佳而弃其材巨。这与谚语"宁尝鲜桃一个，不吃烂杏一筐"有点类似。

【刀工】

巴林石雕的艺术价值，一方面来自石材的天然美丽质地，另外一方面则是辅以恰到好处的人工雕刻。温纯

逍遥不老翁·巴林芙蓉石

尺　寸　10厘米×8厘米×5厘米
鉴石要点　老者鹤发童颜，手持酒壶，一只黄狗卧在身边，其乐融融，寓意老有所乐。

福绿寿吉星拱照·巴林彩冻石

尺　寸　25厘米×20厘米
鉴石要点　福禄寿三星携着两个送财童子，五仙均眉目清晰，衣饰洒脱，自然流畅。

的质地，绚丽的色彩和奇妙的纹理，交相辉映，构成变幻无穷的美丽图案，再经过良工的巧艺雕饰之后，更是锦上添花，熠熠生辉。所谓"行家一伸手，就知有没有"，好的石雕艺人能化腐朽为神奇，通过精美的刀工将石材最优质的一面展示出来，同时也能使用巧雕等手法掩饰石材的瑕疵，这也是现在雕刻大师身价越来越高的原因。

完美的雕刻技法

巴林石雕刻的技法很多，一般分为：圆雕、浮雕、平雕、微雕四种技法。

【圆雕】

圆雕作品又称立体雕，是指非压缩的，可以多方位、多角度欣赏的三维立体雕塑。

圆雕是艺术在雕件上的整体表现，观赏者可以从不同角度看到物体的各个侧面。它要求雕刻者从前、后、左、右、上、中、下全方位进行雕刻。圆雕的手法与形式也多种多样，有写实性的与装饰性的，也有具体的与抽象的，户内与户外的，架上的与大型城雕，着色的与非着色的等。

雕塑内容与题材也是丰富多彩，可以是人物，也可以是动物，甚至于静物。

童子闹佛·巴林黄冻俏色石

尺　寸 7厘米×10厘米
鉴石要点 石材光泽柔和，油润爽滑，圆雕的弥勒佛眉开眼笑，面容丰腴，肚皮圆鼓，一手持珠，顺势而上，抬头仰望，欢乐开怀，背后爬着一童子，机灵俏皮，嬉嬉玩闹，神态可爱。

硕果累累·巴林彩冻石

尺　　寸　30厘米×31厘米

鉴石要点　石质细腻，颜色丰富，红、白、黄分布均匀，鲜花盛开，果实丰硕，寓意事业蓬勃向上。

鸡笼·巴林彩冻石

尺　　寸　60厘米×60厘米

鉴石要点　笼中一只小鸡探出头来，笼外母鸡衔着喂食，几只公鸡和几只小鸡则环顾于鸡笼两侧，俨然一幅生趣盎然的场景。

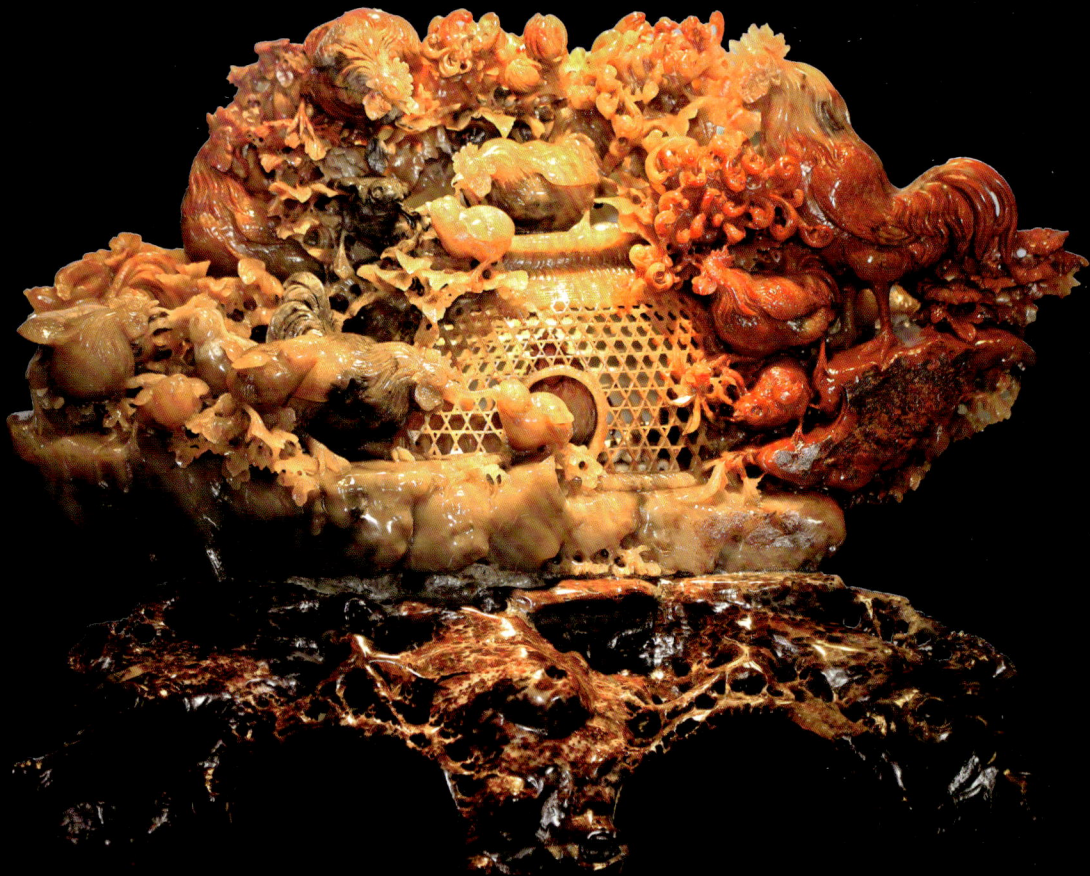

蟹篓·巴林彩冻石

尺　寸　60厘米×60厘米

鉴石要点　白色的鱼、黄色的虾、黑色的螃蟹活灵活现地趴在鱼篓的四周，寓意满载而归。

【浮雕】

浮雕按照雕刻深度又可分为高浮雕、浅浮雕、薄意三种。高浮雕又称三面看，这种雕刻方法可以最大限度地取得明快反差，制作多见花卉、人物、动物，高浮雕是浮雕向圆雕过渡的阶段，是巴林石雕经常采用的技巧之一。

高浮雕的各种景物的雕刻应尽可能地采用圆雕的技法，使雕刻的物体比例合体、构图丰满、侧面正面的比例合理；

浅浮雕是相对高浮雕比较而言，所刻的景物一般较浅。所设计的画面，要有中国民族性的装饰效果，构图要丰满。常见的图案有龙凤、山水、花卉、历史故事等。它和高浮雕都是印材雕刻中的基本技法，最常见的表现形式。

薄意是一种极薄的浮雕，因为其施用对料石材质极少破坏，而又饱含诗情画意，所以在一些质地好而透明度高、材料相对较小的珍贵冻石上，经常采用这种装饰形式。

大吉大利·巴林彩冻石

尺　　寸　35厘米×20厘米

鉴石要点　作品主要采用了浮雕和镂雕技法，一只鸡笼外缠绕着结满了果实的藤蔓，几只鸡忙着啄食，鸡笼上方是一串铜钱，整个作品寓意大吉大利。

〖平雕〗

平雕又名阴刻。在各种雕刻过程中，平刻是最为省工的一种，但是平刻要求制作者有较强的绘画能力。首先用铅笔加以勾勒，然后用平槽侧尖或特制刻刀拨刻，待全部完成作画后，加少许的墨色，将所刻画面涂匀，待干燥后，用潮湿的毛巾擦去浮色，整个作品就基本上算是完成了。

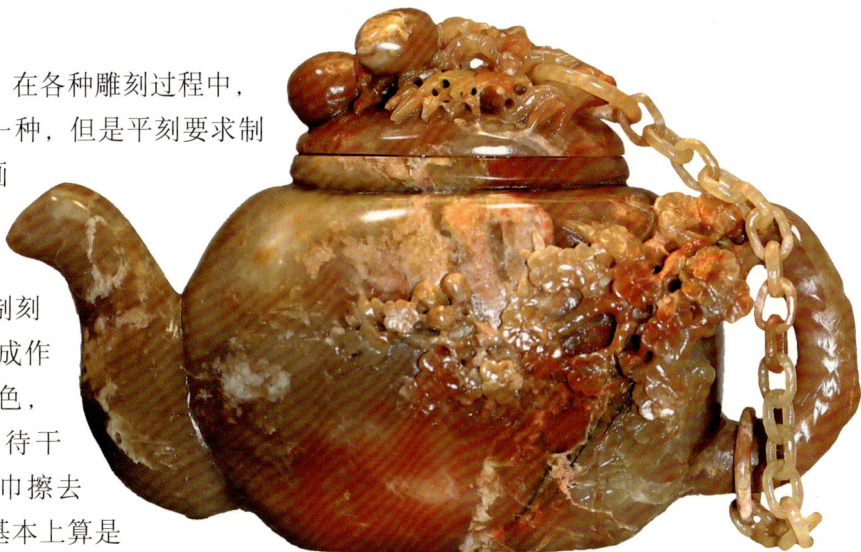

梅花链壶·巴林彩石

尺　寸　18厘米×18厘米

鉴石要点　造型古朴，雕工精细。虽是一枚石壶，却有紫砂的意境。

〖微雕〗

微雕是将极小的字或图案刻在石头上，这种雕刻技法特别讲究选材，其石材质地要求绝对精纯，容不得有半点砂格和半丝裂纹，因为半个砂点就可能破坏了一个精细画面或10多个汉字。

第一，微雕的刀具也是特殊的细刀，既要尖细，又得锋利。

第二，要有特别精熟的书法和国画功底，雕刻的时候才可进行"意雕"、"意刻"。

第三，临场要屏息凝神，集中意念，一气呵成。

第四，运刀要稳、准、狠，微雕的刀即是笔，功力不足，因微失控，刀不达意。在微雕作品上配微刻题款一定要讲究书法效果，那些见大显丑，字之歪斜，行之不齐，画之失准，配之失调，都是创作者应避免的。

第五，应把握刀具与石材所产生的线条变化的艺术效果。只有这样，才能使书法和刀法笔意达到完美的统一。

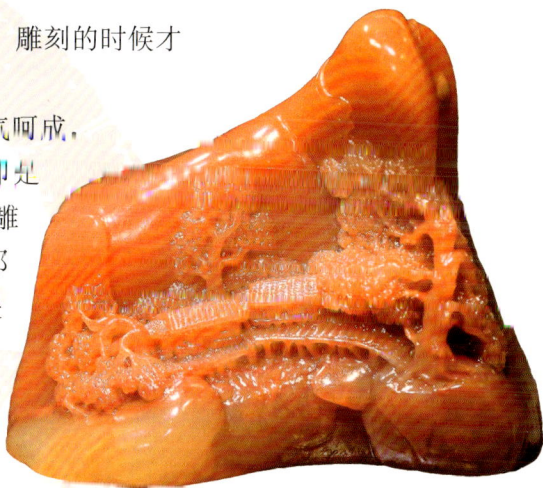

小桥流水人家·巴林红花冻石

尺　寸　13厘米×19厘米

精致的雕刻设计

如果没有经过认真仔细的研究盲目下刀开工，创作设计出的作品一定会让人失望，甚至在作品没有完成时，料石就已经报废了。不论何种料石大都会存在不利于雕刻的缺陷，要因石而异地进行设计，扬长避短，选择恰当的造型形式，再使用特殊的刀法来掩盖料石中的各种缺陷，巧妙地加以刻画，才能收到较好的艺术效果。

〖相石〗

巴林石的每一件雕刻作品在下刀前都要经过严谨的艺术构思，也就是雕刻师在创作前需要对一块料石进行揣摩，达到心中有数的境界。这个过程要先根据料石的肌理纹路、大小和色彩分布等综合因素而进行创作设计前的构思，并将料石最大化地利用，就好像"伯乐相马"一般，所以也将其称之为"相石"。相石在整个创作过程中是至关重要的。有经验的雕刻师多从外形看起，石头一般分椭圆形、长形、扁平形、圆形、锥形等。椭圆形、长形石材可直竖亦可横放，各种技法均可施行，一般雕刻者喜欢选用。扁平形石料宜选用薄意、浮雕、透雕等技法。圆形石料宜于花果篮、器皿或盆等类立体雕刻。锥形石头多用于把玩类雕件的制作。对石形的选择运用无固定模式，它与创作者的艺术素质及技艺有关。

〖配笔〗

相石用的工具是笔（或铅笔或毛笔），有的雕刻师（主要是雕刻浮雕或薄意）会用笔在石头上画整幅画的草图，有的雕刻师只在关键部位画上标记，也有的雕刻师对自己熟悉的题材甚至不用任何工具。业内有"一相能抵九日工"之说，强调的是相石的事半功倍。如果相石出问题，雕刻刀一动下去，那减去的石头就再也补不回来了。

〖选石〗

在创作设计中，应当把质地好、颜色好、透明度高的部分置于正面；而把质地

钟馗·巴林黄冻石

尺　寸　6厘米×8厘米
鉴石要点　黑面钟馗替天行道，不畏艰险，专捉人间妖孽。

花团锦簇·巴林彩冻石

尺　寸　15厘米×15厘米
鉴石要点　牡丹菊花，一年四季花开灿烂，寓意人生富贵、生活美满。

颜色透明度相对较差的部分，当做基座或后衬。一些大部分石料很好而局部石质较差的石材，也可以根据具体情况进行特殊设计处理，利用较差的石质部分，进行雕刻，用以反衬主体石质的美妙。最重要的是要把质、形、色三个条件，有机地结合起来，大胆设计，大胆创新，出奇制胜。如果这几个方面发挥运用得当，那么制作的作品就会令人赏心悦目。

【打坯】

在相石之后，就需要对料石进行处理，这一过程叫做打坯。打坯主要有两个目的，一是整理石头，二是把作品的大体轮廓（即坯）用减法凿出来。所谓整理石头一是将作品底盘打清楚，使作品摆放角度恰当，能站稳；二是把石面上的皮、砂钉等处理清楚，使一些潜在的好石头（行话叫"肉"）或需要化解或取俏的部位暴露出来，以便更好地利用。打坯的第一刀往往从作品的"点睛"处开始，然后逐渐拓展，当遇到石头有新情况时，又要因石（势）利导，随石（机）应变。每每打坯要用上十几种卡凿，因此传统雕刻匠人有一项属于雕刻功夫外的功夫——磨刀。刀水锋利，就门个出或打个好准确的即面。

【凿坯】

凿坯是继打坯之后的雕刻动作，过去常用的工具是手凿。手凿一头是木制的手把，另一头就是刀口。凿坯旨在将打坯后的粗坯凿实。如果说打坯是勾画作品的轮廓的话，那么凿坯就是将这一轮廓描实，使原本的平面有

吹箫引凤·巴林粉冻石

尺　寸 24厘米×30厘米
鉴石要点 相传秦穆公之女小名弄玉，不仅如花似玉，还擅长吹笙，自成音调，其声宛如凤鸣。

了凹凸变化，看见了衣褶、毛发、肌肉、山峦、树木、花卉、枝叶等，使原本的五官位置上"长出"了的器官……凿坯不仅仅是在雕刻细节，还是在处理局部与整体，结构与空间，形状与骨肉，动态与静态、点线与平面，重心与方向等关系。凿坯同样需要雕刻艺人"胸有成竹"的功力。

【修光】

修光是凿坯后的一道工序，就是用不同的雕刀，完美刻镂景物的形象，体现作品的整体神韵和气质。修光者要有正确的执刀方法和姿势。运刀的时候要注意保持稳定，在大处雕刻时要腕力、臂力共用，小处雕刻时用腕力，细处雕刻时则要用指力。下刀之前，还要依据创作者事先构思所要刻画的景物结构以及对纹路、砂钉、色彩等石质特点的掌握，选定"刀法"与"刀向"。下刀的时候，要将"疾而不速，留而不滞"的刀工留在作品上，要注意做到精准有力、轻重快慢、抑扬顿挫、直弯折转变化自如，这样不仅会增加作品的韵味感和真实感，而且还能完美地体现出创作者刀法之中蕴涵的神、气、力，给欣赏者以独特的美感。

【磨光】

磨光也叫抛光，是一件作品雕刻的最后一道工序，通常需要经过砂轮机打磨，分粗磨、细磨和"揩光"等过程。早在清康熙年间，高兆《观石录》中就介绍过寿山石磨光术，说："石初剖，须琉球砺石磋之，既磋，磨以金闻官，磨竟，以水浸叶，纵横揩拭，无有遗痕。然后取麝鞯平置几案，运石鞯上，徐发其光。"可见当时磨光材料之考究和工序过程之繁琐。与寿山石一样，一件巴林石雕件只有经过精心磨光后，才能充分显示出巴林石的特质和天然色泽，使作品外表光润、明亮。

夜宴图·巴林彩石

尺　　寸　40厘米×31厘米

鉴石要点　此作品荣获天工奖，构思巧妙，雕工精细。将一场夜宴中各种人的形态均置于一块石头之上，有人醉倒，有人干杯，有人把酒临风，还有人忙着斟酒，整个作品意境深远。

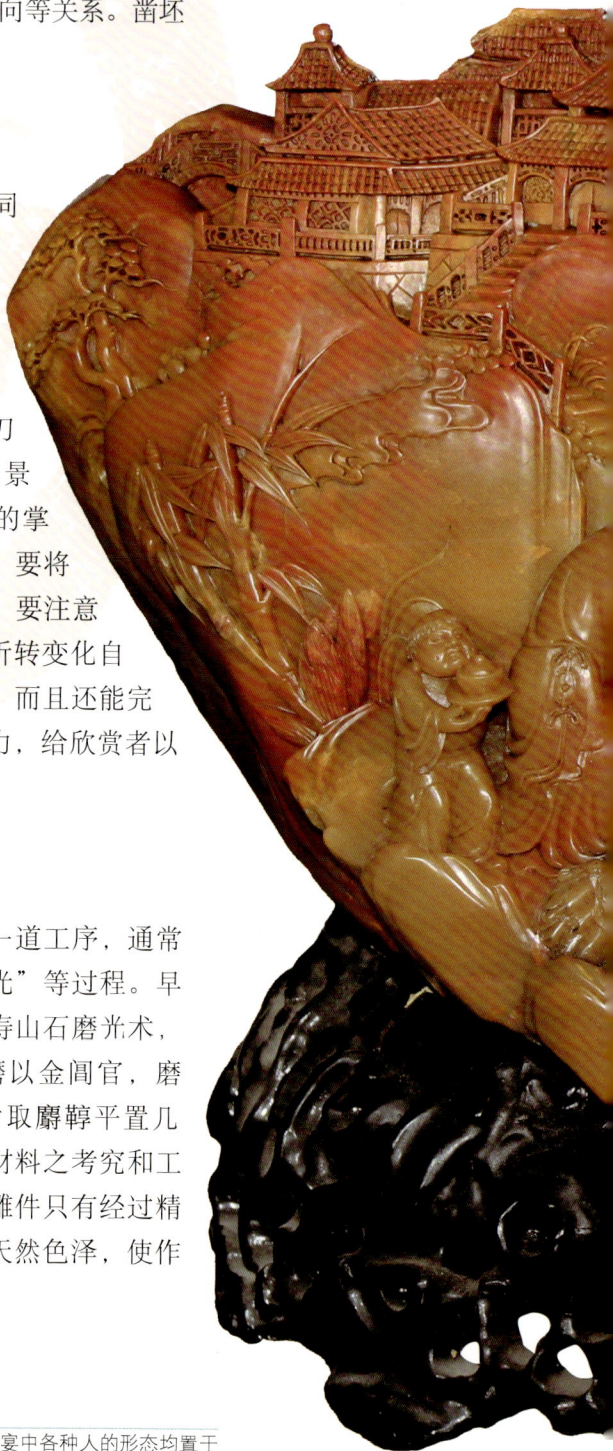

张飞喝桥·巴林彩石巧雕

尺　　寸　18厘米×31厘米

鉴石要点　曹操率领80万大军追杀刘备，危难之际，张飞出现，大喊三声，吓死曹将夏侯杰，使曹操也由疑到惊到怕，狼狈逃窜。京剧里有唱词："当阳桥头一声吼，喝断桥梁水倒流"。巴林石博物馆藏品。

古钱币·巴林彩冻石

尺　寸 13厘米×13厘米

鉴石要点 冻地细腻，雕刻精美，巧
妙地利用了石皮，将一枚
战国古币置于其上，古韵
悠长。

南瓜雕件·巴林桃花冻石

尺　寸 25厘米×16厘米×20厘米

鉴石要点 雕刻手法很娴熟，整体造
型柔和流畅、轻松，瓜蔓
的处理最为出色，有一种
层层波动的生动感受。

匹配的雕刻工具

"工欲善其事，必先利其器"，石雕艺人要雕刻出一件赏心悦目的作品，一套趁手的锯刨凿钻必不可少，有经验的艺人为了使用方便，还会自己制作雕刻工具。

白钢刀具

巴林石雕刻和印章制作的主要工具是各种大小长短不等的刀具，主要是用白钢制造的，与车床上的白钢车刀类似。

先将白钢切割成所需要的尺寸，一端开刃，刀刃的形状有平口也有圆口，要视雕刻题材而定，另外一端装上木柄。木柄的粗细要根据自身手掌的大小来决定，木柄太粗手容易累；木柄过细，使用起来容易打滑，难以使力。为了更好地控制刀具，还会在刀柄上包扎一层胶皮或刻些横向花纹，增加摩擦系数。为了让刀锋利，刀具要经常打磨，磨刀也是一

百龟·巴林牛角彩冻石

尺　寸　29厘米×26厘米

鉴石要点　牛角冻精雕工艺，此石乌黑发亮，且酷似牛角颜色，雕刻"百龟"，其实雕刻出来的是九十九只龟，因"九"的谐音是"长久"的"久"，又有"九九归一，长寿长久"的寓意。

门手艺活，用磨刀石、砂轮或金刚盘打磨。磨的时候要加水降温，否色钢材的硬度会降低。

白钢刀具有以下优点：

1. 硬度高。由于凿刻石料对刀具的磨损很大，如果使用低硬度的刀具会很快磨损而变钝，对一些细微部分的雕刻很难表现出来。

2. 不容易生锈。巴林石的雕刻经常要"带水"作业，如果使用普通的钢材很容易生锈，不但影响刀具的使用寿命，其锋利度也容易下降。

3. 很容易购买。各工具商店都有出售，规格标准，硬度准确，可以避免在购买和制作中因不清楚钢号、硬度而造成时间浪费。

不过，白钢刀具也有缺点，硬度虽高但性脆，如果用此类刀具取挖撬石材很容易崩断。

除白钢之外，制作刀具还可以用锰钢、水钢、钻钢等。

府上有龙·巴林红花石

尺　寸　13厘米×12厘米

鉴石要点　造型精美，雕工精美，将龙的气势烘托到极点。府上有龙，寓意家有贵子。

115

孔雀开屏·巴林红花石

尺　　寸　26厘米×35厘米

鉴石要点　作品巧妙地利用了石材本身的黑黄红三种主要颜色，雕工精细，特别是羽毛部分更是根根可见。

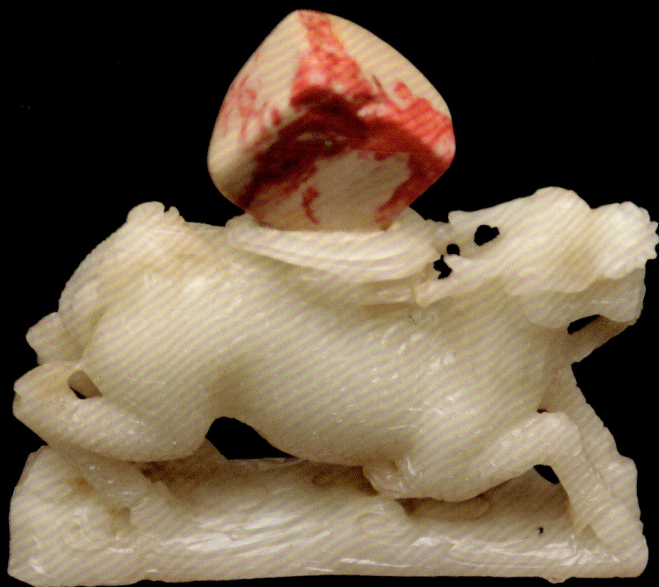

麒麟献宝·巴林鸡血石

尺　　寸　15厘米×17厘米

鉴石要点　一只麒麟驮着一块珍宝踏浪而来，造型独特，寓意深厚。

和合二仙·巴林黄冻石

尺　　寸　16厘米×15厘米×9厘米

鉴石要点　运用圆雕、浅刻技法雕琢出和合二仙像。二人身着宽袖袍衣，肩搭帛带，席地而坐，谈笑风生，一副逍遥快活姿态。

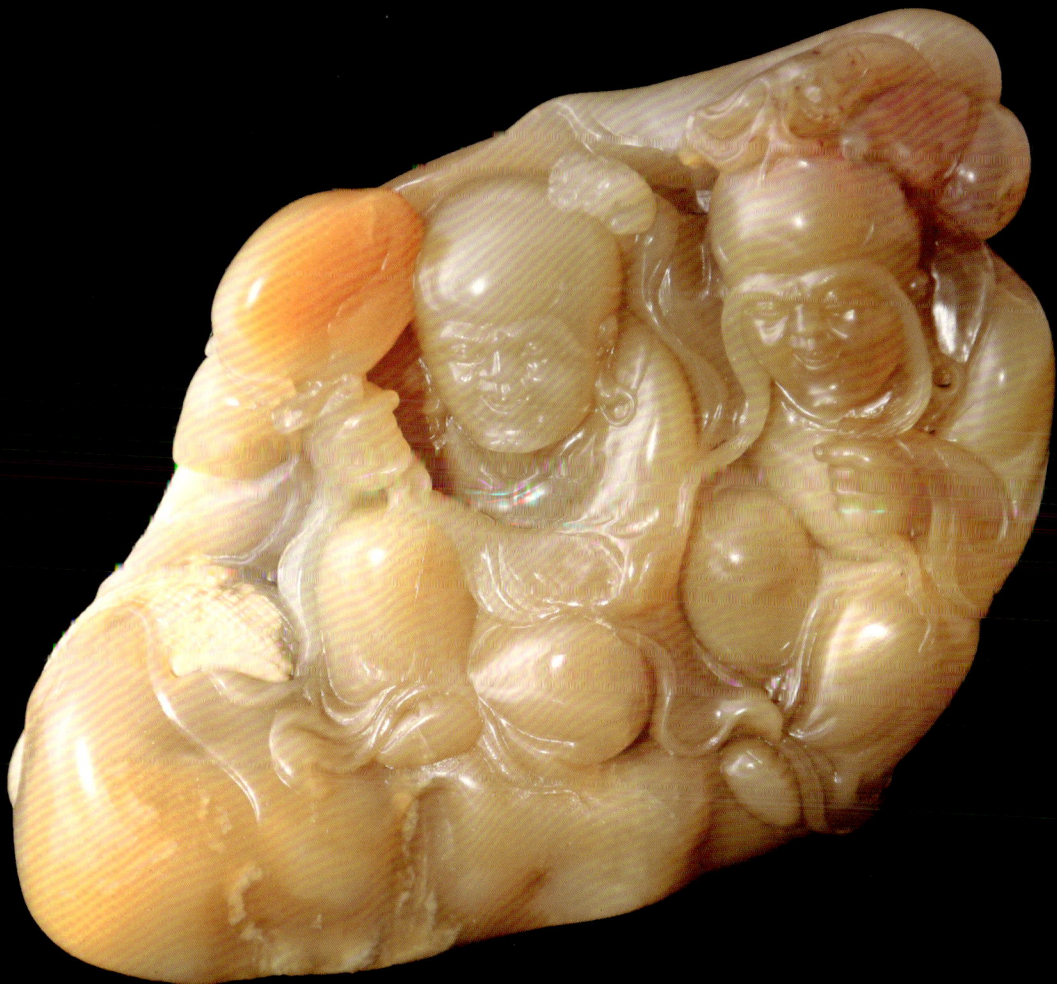

〔锯子与手凿〕

　　除了雕刻刀外，常用到的石雕工具还有电动锯、木锯、钢锯、卡凿、手凿、手钻、天平钻、针钻和砂轮、抛光机等。

　　电动锯和木锯主要是用来分解石料的，就是按照雕刻题材将原石切割成大小合适的块度。过去主要是木锯或钢锯，后来随着时代进步，石雕艺人开始使用电动锯，减轻了不少劳动强度。但是对于一些名贵的石料，比如鸡血石、高档冻石等，使用电动锯切割时，由于锯片在高速运转因摩擦生热会产生大量热量，会使得鸡血变色甚至"跑血"、冻石变脆，所以有经验的艺人还会更多使用木锯。

　　卡凿是一种上呈方形，刀口扁平的刀具，长度约20厘米，用于打坯。以刀口的斜面不同，分"单面凿"和"双面凿"两式。"单面凿"刀口薄，打坯时切面准确，但刀角易损，仅宜用于雕刻细坯；"双面凿"刀口厚，经得起锤打，但受刀位置不及单面凿精确，多用于雕刻粗坯。

　　手凿主要用于凿坯，一般长度约17厘米，上部套上圆形木制把手。以刀口形状分为"平凿"和"圆凿"两式。"平凿"形如"卡凿"，亦有单面、双面之分；"圆凿"刀口呈弧形，有大圆、小圆之别。大小以需要设计。

　　随着社会的进步，人们文化素质的提高以及生产、生活形式的不断演进，从简单的斧凿刀具到创造了适应雕制要求的先进工具、器械，创作的方法和门类亦随着时代发展逐步开拓，逐步规范化。

〔电动雕刻机〕

　　目前很多艺人开始使用机械来进行雕刻创作。使用最普遍的是电动雕刻机，其刀具一般使用刀科医用球形钻头和锥形钻头，

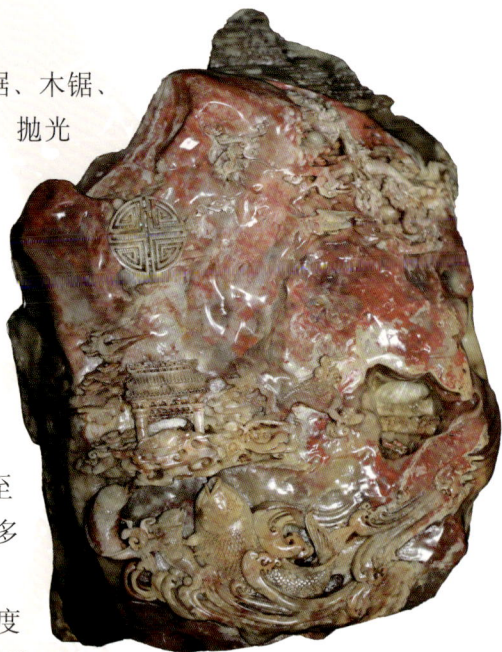

鲤鱼跃龙门·巴林鸡血石

尺　寸　50厘米×90厘米

鉴石要点　地子细腻、纯净、润泽有动感，血色浓厚，特别是顶部，雕刻的鲤鱼作跃跃欲试状，希望一跃能成龙。

喜上眉梢·巴林黄花冻石

尺　寸　25厘米×36厘米

鉴石要点　两三梅枝斜横，疏影浮动，金皮巧做梅花及鸟翅，勾勒出一幅鹊登枝头春意闹的画面。

古币·巴林黄冻石

尺　　寸 12厘米×24厘米
鉴石要点 古币形状大气磅礴，饱满厚实，艺意之间配合得行云流水，自然有致。

也可用3毫米以下的工业铣刀。主要用途是清除雕件上的荒料，可大大提高劳动效率。但是由于雕刻是具有中国特色的手工艺，在最后的精雕和修整时，最好不要使用机械。过多的机械痕迹，会破坏手工艺品的韵味，导致其价值也会一落千丈。

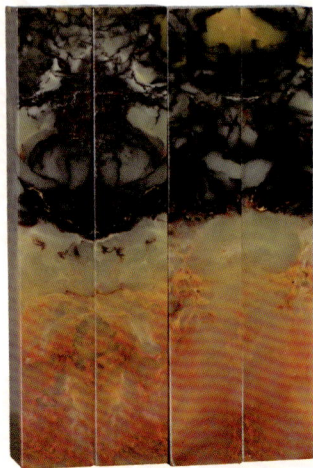

素章·巴林红花石
尺　寸　8厘米×5厘米

天地仁和四联章·巴林紫云石
尺　寸　5厘米×5厘米×10厘米

人生如意·巴林黄冻石
尺　寸　18厘米×25厘米
鉴石要点　作品将多种吉祥题材融为一体，人参、如意、貔貅、金蟾、喜字等，但搭配得当，没有丝毫突兀之感，整体寓意喜从天降，好运不断。

二龙戏珠·巴林黄皮巧雕石
尺　寸　12厘米×16厘米
鉴石要点　作品的雕刻巧妙地利用了石材的表皮和地子，采用浮雕手法，使两条黄色的龙盘绕在青色的地子上，如腾云驾雾般自由嬉戏。

鸿运当头·巴林鸡血石

尺　　寸　35厘米×57厘米
鉴石要点　质地油润，通体鸡血，血色浓
　　　　　厚，越往上颜色越艳丽，所以
　　　　　取其鸿运当头的吉祥寓意。

求偶鸡·巴林红花石

尺　　寸　20厘米×24厘米

鉴石要点　"求偶鸡"是传统的石雕题材，无论是寿山石还是青田石均有雕刻。本件作品使用的石材为巴林红花石，采用镂雕、浮雕等多种技法，雕刻的群鸡亢奋肆意，似乎都沉浸在爱情的渴望中，刻画细致入微。

花开富贵·巴林黄冻石

尺　　寸　17厘米×19厘米×8厘米

鉴石要点　立体造型的顶端雕刻的一朵盛开的花，自然逼真、富贵妩媚，透出祥瑞之气。

西游记·巴林彩石

尺　　寸　18厘米×26厘米

鉴石要点　作品立意新颖，俏色巧雕，取材自古典名著《西游记》，深山丛林间，师徒四人不畏艰险，铲妖除魔，经历九九八十一难，最终取得真经。

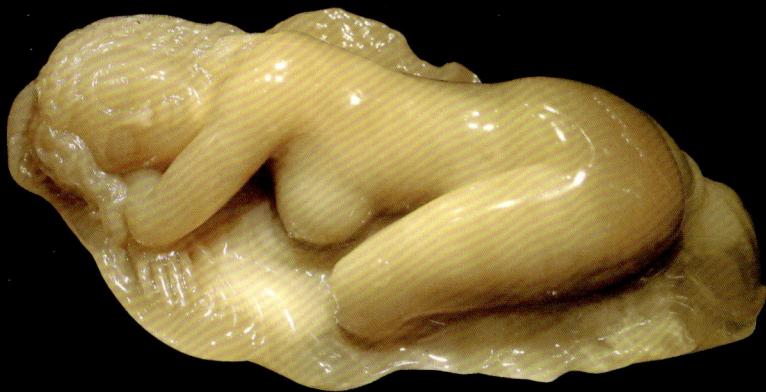

少女之美·巴林黄冻石

尺　寸　8厘米×5厘米

鉴石要点　线条流畅，造型独特，整体
　　　　　结构和谐顺畅，极具视觉冲
　　　　　击力。

渔翁·巴林白冻石

尺　寸　9厘米×11厘米

鉴石要点　"姜太公钓鱼，愿者上钩"，
　　　　　通过简约的造型将渔翁悠然自
　　　　　乐的形态表现得淋漓尽致。

如意观音·巴林粉冻石

尺　寸　13厘米×17厘米

鉴石要点　观音手捧如意，两个童子颔首
　　　　　叩拜，动静结合，引人关注。

鹤乡春景·巴林鸡血石

尺　　寸 32厘米×45厘米

鉴石要点 色彩柔和，清雅秀丽。鲜艳的
血色点染挥洒，如繁树枝枝叉
叉，千缠万绕，脉脉相连。

一帆风顺·巴林荔枝冻石

尺　　寸 85厘米×65厘米

鉴石要点 惊涛骇浪间,一艘帆
船乘风破浪乘势航
行,寓意事业与人生
均一帆风顺。

秀丽山川·巴林紫云石

尺　　寸 120厘米×100厘米

鉴石要点 爱我中华,壮美河
山。作品通过紫云
石特有的颜色凸显
川和山川的秀丽
雄壮。

童子献寿·巴林鸡血石

尺　　寸　23厘米×40厘米

鉴石要点　童子手捧灵芝，师傅一手执
　　　　　杖，一手捧桃，几只仙鹤在松
　　　　　下悠闲觅食，寓意福寿安康。

寿比南山·巴林金银冻石

尺　寸　10厘米×20厘米

鉴石要点　因为长寿是每个人追求的目
标，所以童子、仙翁、寿桃从
古至今都是雕刻家笔下的常
客，巴林石雕也不例外。

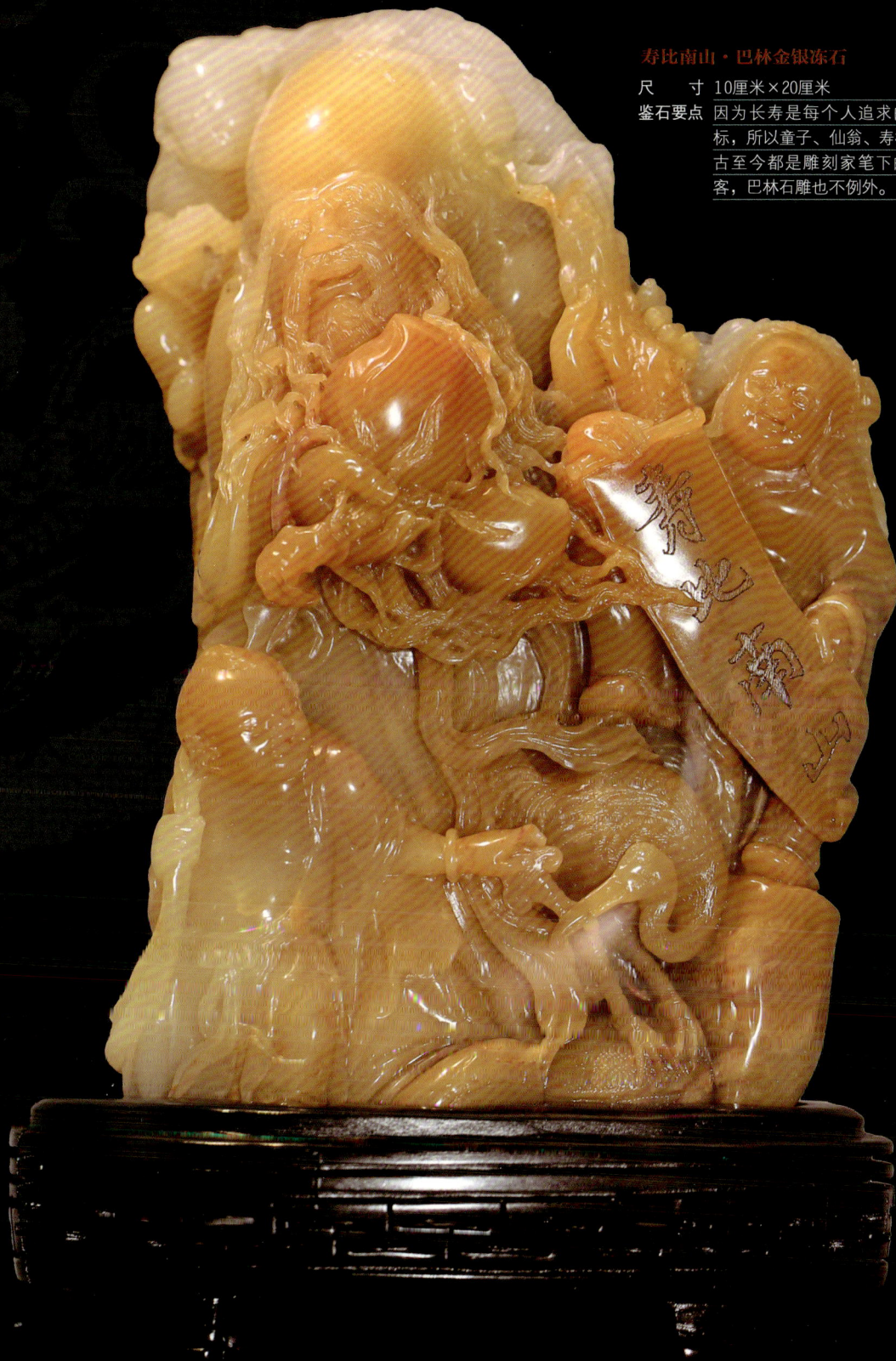

了解真正的巴林石开采及加工

巴林石为季节性开采。采矿运用立井、斜井、露天等多种方法，实行采探并举。

巴林石早在红山文化时期，就被人们开发利用，此后各个朝代中，各民族的人们都对巴林石进行过开发和利用，形成了不同层次、不同文化背景的"巴林石文化"。这里出土了很多辽代人巴林石的印章和佩戴饰件，如高足杯、鼻烟壶和饰件等。日军侵华期间，日本人对巴林石进行掠夺，雇佣中国劳工在巴林石矿进行了掠夺性开采，所得石料均被运到日本。此后，巴林草原虽几经战乱，但巴林石的开采却一直没有间断。

虽然巴林石开采历史悠久，但并未更多地引起人们的关注，巴林石产业的快速发展只是近三四十年的事。巴林石形成规模开采，缘于1971年周恩来总理与日本商界代表团的一次会晤。

会晤中，周总理得知巴林右旗境内有印石资源，且储量大，质量上乘。在周总理的关心下，仅20多天后，关于开采巴林石的红头文件便下发到巴林右旗，从此进入了巴林石正规开采的新时期。

1985年，巴林石矿与巴林右旗雕刻厂合并，成立了巴林右旗工艺美术公司，1996年美术公司兼并巴林右旗食品厂，组建成立了巴林石集团有限公司。

巴林石集团组建以后，运用集约化的先进管理模式，对分散的小矿点进行了统一收购，并对产量进行严格限制，使巴林石开采走上规范化的新路，结束了一度无序开采的局面。

到了现代，随着巴林石收藏热的兴起，巴林石对地方经济发展的作用越来越大。据统计，赤峰地区现在从事巴林石产业人员已经超过万人，仅巴林右旗就有3000余人，是全旗从业人员最多的行业之一，有近百人达到了雕刻师的水平。

童子献寿·巴林朱砂石

尺　　寸　15厘米×20厘米

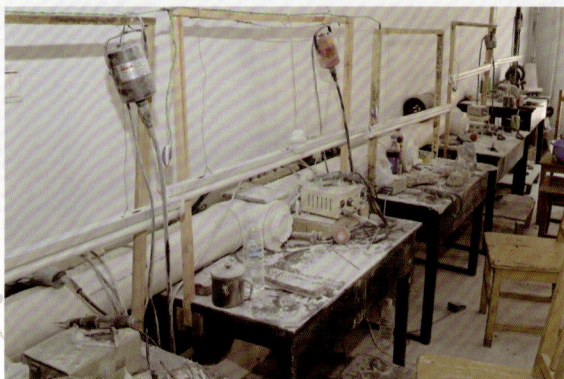

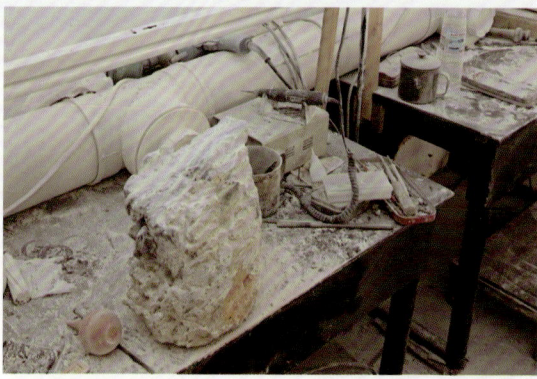

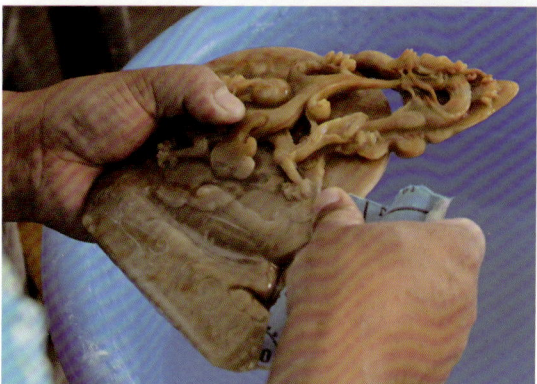

$$\begin{array}{c|c} 1 & 2 \\ \hline 3 & 4 \\ \hline & 5 \end{array}$$

1-巴林石加工雕刻工作间

2-巴林石相石、选石

3-巴林石雕刻工具

4-巴林石雕件后打磨

5-巴林石雕刻现场

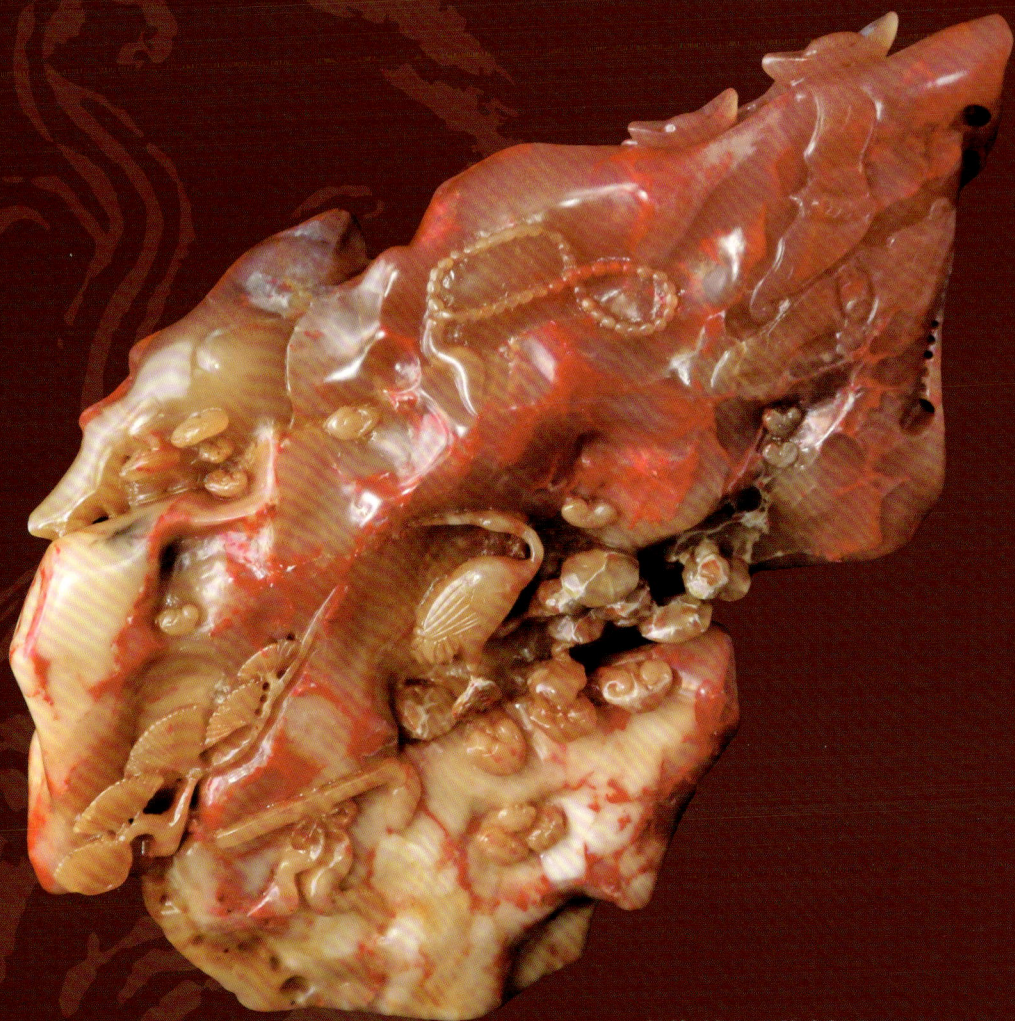

松鹤延年·巴林鸡血石
尺　寸　16厘米×17厘米×8厘米

第三章

文化兴石，

巴林石成草原上的金名片

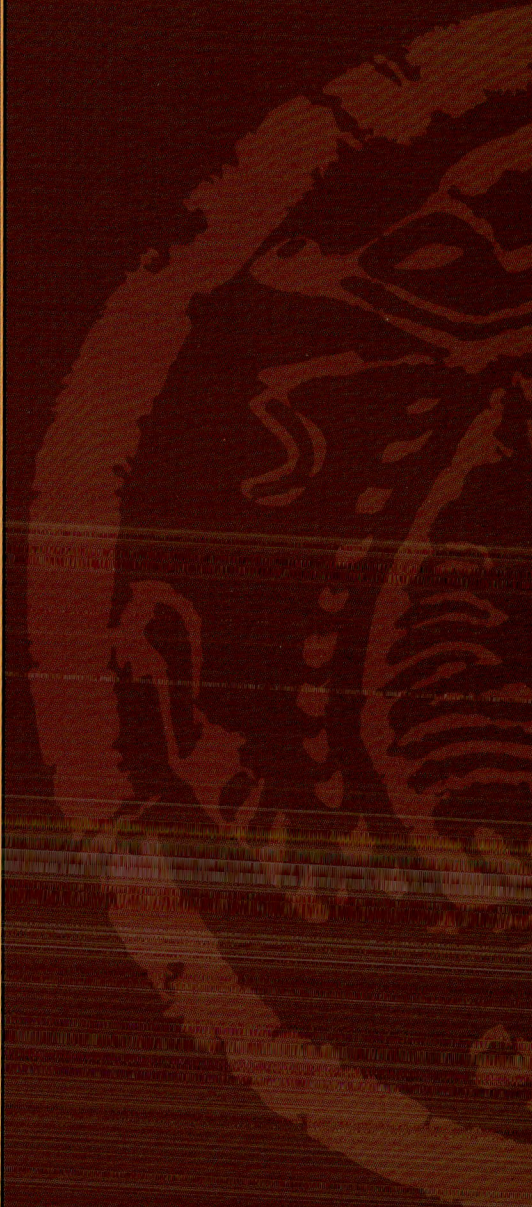

不懂历史不玩石

与寿山石、青田石深厚的历史和文化底蕴不同，巴林石在这方面显得颇为年轻稚嫩。不过，随着近年来考古的新发现，巴林石的使用历史不断被改写，加上巴林右旗、赤峰当地政府和企业的推动，巴林石的文化内涵越来越丰富，正成为草原走向世界的"金名片"。

红山文化孕育了巴林石

红山文化是中国北方重要的考古文化，距今5000～6000年，由于其最早发现于内蒙古赤峰市红山后遗址，故称"红山文化"。其独特的文化内涵主要体现在其文化遗址和文物

五牛图·巴林墨鱼籽石

尺　寸　80厘米×80厘米

鉴石要点　牛角大而弯曲，或沐水或登望，形态各异，富有浓郁的生活气息。

两方面。在久负盛名的红山文化玉器中，有相当大一部分玉器的用料即为巴林石。现藏于巴林右旗博物馆的红山文化鸟形玉、勾云形饰牌，均为巴林石围岩制品；所藏2件红山文化纺瓜，采用巴林黄冻石制成。该博物馆还藏有红山文化时期的巴林石石罐、巴林石玉人，做工细腻，形态逼真。

亮相于原始社会

在赤峰市林西县白音长汗遗址中，考古工作者发现了8000年前用巴林石为原料制作的人面形石佩饰，是用巴林石中的福黄石制作而成。

这些发现将巴林石的使用历史一下提高到了原始社会，而寿山石目前发现最早的是南朝时期，青田石最早可追溯到六朝，昌化石最早仅可追溯到宋朝。

宋元明清的综合使用

巴林石的综合利用时期是宋辽时代，公元9世纪，契丹族在赤峰地区建立起了辽王朝，首都上京即建在巴林草原上，因而巴林石器的发展也达到了一个新的水平。这一时期出现了用巴林石制作的印章，巴林石制作的佛像雕件，项饰等衣服挂饰也在这一时期出现。这一时期的巴林石作品，也都以粗犷豪放、简洁明了见长，使人明显

滴水把件·巴林鱼籽冻石

尺　　寸　8厘米×6厘米

鉴石要点　鱼籽冻是巴林石中比较奇特的品种，质地柔和细腻，石上有白色的斑点，就好像鱼卵一样。

感受到草原民族的气韵。

元明时期，人们仍对巴林石进行零星开采，用以制作碗盏、烛台、荷包坠等日常生活用品以及香炉、佛像等宗教用品。现藏于阿鲁科尔沁旗博物馆的巴林黄花冻酒碗，质地细腻，做工精巧，堪称绝品。成吉思汗统一蒙古部落的庆功宴上，属下奉献一只巴林石碗，大汗用它盛满美酒，频频举杯，不住口地称赞："腾格里朝鲁！"汉语意思就是"天赐之石"。

清代，随着巴林右旗建制和清庭两位公主先后下嫁，巴林石的使用更为发展。相传，沙巴尔台村的一位老匠人，将精心制作的巴林石鼻烟壶和荷包坠子给第四代王爷乌尔衮，王爷又献给了他的岳父康熙皇帝。康熙帝对巴林石制品赞不绝口。以后，巴林王每次进京朝觐，都要带上巴林石制品，作为最珍贵的贡品。目前在故宫博物院就藏有一枚康熙用过的由巴林石制成的玉玺，钮雕五螭造型，面镌阳文篆书"皇太子宝"。

民国以后的发展

民国初年，热河毅军驻林西镇守使米振标曾组织开采过，但得石甚微。

日伪统治时期，伪巴林右翼旗公署曾雇佣当地群众采石探矿，将采得的石料加工成图章、墨盒之类，流入日本国至今仍被视为珍宝。在日伪《大巴林蒙古情况调查》中记载：大巴林旗公署将叶蜡石做为唯一的土特产，并建立开采机构，公布兴安西省矿业法令通告，严加管理。

新中国成立之后，由于巴林右旗当地交通和信息的闭塞，巴林石并没有引起足够的重视和有效的利用。据说，距巴林石开采地——特尼格尔图山较近的农牧民，在盖房子、垒猪圈时都喜欢用这种五颜六色的石头做根基。当时，人们并不知道那一块块统称为巴林石的鸡血石、福黄石、冻石、彩石和图案石竟是后来"一块石头换台车、一块石头买座楼"的宝贝。

韵·巴林水草冻石

尺　寸　20厘米×15厘米
鉴石要点　水草冻随形摆件，白黄色的地子上分布淡淡的水草，韵味十足。

云龙露首·巴林黄冻俏石

尺　寸　12厘米×18厘米
鉴石要点　神话中的龙，常遨游太空，祥云萦绕。龙的雕刻也有讲究，过去以穿插云海中龙体显现的身段数分三现、五现、七现等。

水帘洞·巴林彩冻石

尺　　寸　60厘米×80厘米

鉴石要点　作品立意新颖，雕刻精细，"花果山洞天，水帘洞福地"，齐天大圣的居住地也是人类向往的理想居所。

海螺盖壶·巴林黄冻石

尺　寸　8厘米×12厘米

鉴石要点　巴林石石质细腻，也引起南方石雕人师的喜爱，这套石壶就是福建省美术工艺大师、寿山石雕刻名家陈明志的作品，雕刻流畅精练，造型典雅秀气，古香古色，韵味十足，颇有中国传统文化意味。

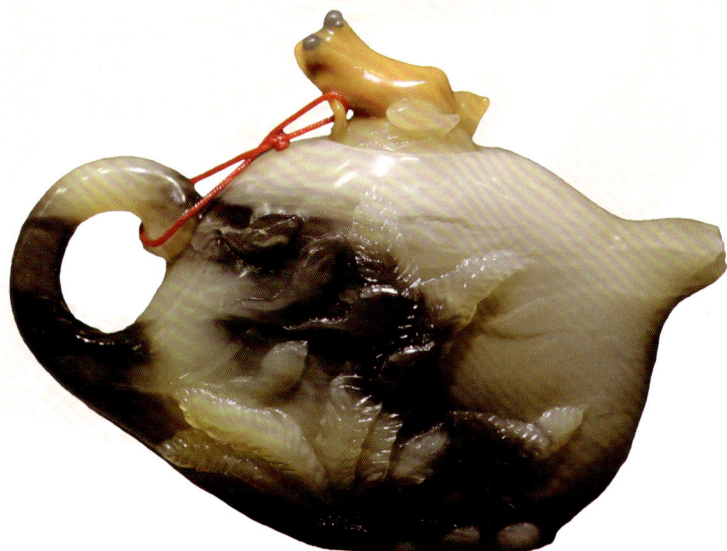

亲子壶·巴林彩冻石

尺　寸　15厘米×20厘米

鉴石要点　雕壶需要耗费很多的石材，要挖去壶身的内部，还要对壶柄、壶盖打磨削减，这也需要去掉大量的石材。现在的石头越来越贵，好石头不用雕琢，"自然形"就已经很值钱。因此，好的壶更是珍贵。

事事如意壶·巴林瓷白石

尺　寸　9厘米×14厘米

鉴石要点　壶盖雕刻一只憨态可掬的狮子，"狮"与"事"谐音，寓意事事如意。

龙柄壶·巴林黄花石

尺　　寸　9厘米×14厘米

鉴石要点　巴林石出产地赤峰也是中国红
山文化的发祥地，C形龙就是
红山文化的代表之一，这把壶
的柄外形酷似C形龙。

雪山脱兔壶·巴林白冻石

尺　　寸　10厘米×16厘米

鉴石要点　茫茫雪山遍地银妆素裹，白色
的兔子与雪山融为一体，活灵
活现。

多子多福壶·巴林冻石

尺　　寸　11厘米×15厘米

鉴石要点　质地细腻，雕工精细，壶体
雕刻葡萄、水草，寓意多子
多福。

倔强的生命·巴林水草冻原石

尺　　寸　50厘米×20厘米
鉴石要点　地子呈乳白色和浅灰色，清晰
可见栩栩如生的红黑水草长在
其中，或丛或簇，拖曳多姿，
就如野草一般生生不息。

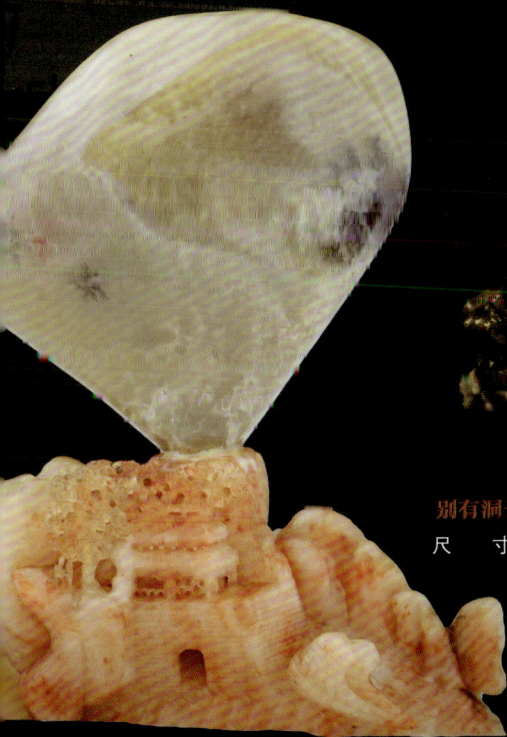

别有洞天·巴林水草冻原石

尺　寸　8厘米×10厘米

知秋·巴林黄冻石

尺　寸　9厘米×16厘米

鉴石要点　石质晶莹，半透明，饱满的苦瓜半遮半掩在茂盛的枝叶下面，搭配简洁的底座，达到了和谐、统一、愉悦的效果。此作品系青田石雕高级工艺美术师、中国工艺美术大师周金甫所作。

当代巴林石：文化与产业并举

巴林石真正大面积开采的历史较短，1978年国家轻工业部才将巴林石矿列为我国三大彩石基地之一，正式命名为中国巴林石。

打造中国巴林石名片

现在，巴林石印章已作为赠品在社会上广为敬送，1997年香港回归祖国和1999年澳门回归祖国，巴林石做为内蒙古自治区人民政府的贺礼，赠送给香港和澳门特别行政区政府。

2001年，在上海召开的APEC会议上，21枚巴林石印章被作为国礼赠送给与会的各国领导人。2008北京奥运巴林石成为特许商品，各国运动员和游客争相购买作为奥运纪念品珍藏。

"打造中国巴林石名片"，是巴林右旗旗委、政府近年来在发展巴林石文化产业中提出的品牌战略目标。为了实现这一目标，该旗坚持政府引导、协会组织、市场运作的原则，在确定发展空间、明确发展方向、转变组织模式和经营方式、扶持政策等方面做出了积极努力，为

登鹳雀楼·巴林金银石

尺　寸　14厘米×14厘米
鉴石要点　"欲穷千里目，更上一层楼。"此作品取材自唐诗，系工艺美术大师倪东方雕刻。

纹理对章·巴林黄冻石

尺　寸　5厘米×5厘米×8厘米
鉴石要点　构图精巧，颜色艳丽，红色的火焰如地火一般喷薄而出，引起滚滚岩浆。

巴林石文化的快速发展注入了生机和活力。然而在几十年前，这种在1亿4千多万年前形成的特殊宝石，却"深居闺中无人问"，即使有人收藏和经营，也是成吨、成车地买，几十元、几百元一吨地卖。

创建中国巴林石之都

文化品牌战略的实施使巴林石身价倍增，也让赤峰市巴林右旗的"中国巴林石之都"名片越擦越亮。近年来，巴林右旗以文化思维谋划巴林石产业的发展，延长产业链条，增加文化内涵，开拓国际市场，一个集开采、加工、销售、旅游于一体，销售流通量达50多亿元的巴林石大产业正在形成。

目前，巴林右旗已形成"一矿一城一园区一协会三个分公司"的产业格局，带动加工、经销企业152家，从业人员6000多人。巴林石文化产业园、巴林石商城、巴林石一条街、巴林石地质公园已组成了巴林石文化旅游专线，每年接待游客30多万人，年收入1.7亿元。

2009年，赤峰市人民代表大会将巴林石产业列为文化产业，并在政府工作报告中提出"大力发展、给予扶持"，这给巴林石文化产业的持续发展指明了方向。目前，巴林石文化产业已形成了以巴林石集团、巴林石矿、石城、石文化市场、石经营网点为经济实体的联动。

赤龙·巴林水草鸡血石

尺　寸 8厘米×8厘米×18厘米

鉴石要点 印章一面的图案就如一条赤龙盘旋在茂密的丛林间，惟妙惟肖，令人不得不赞叹大自然的鬼斧神工。

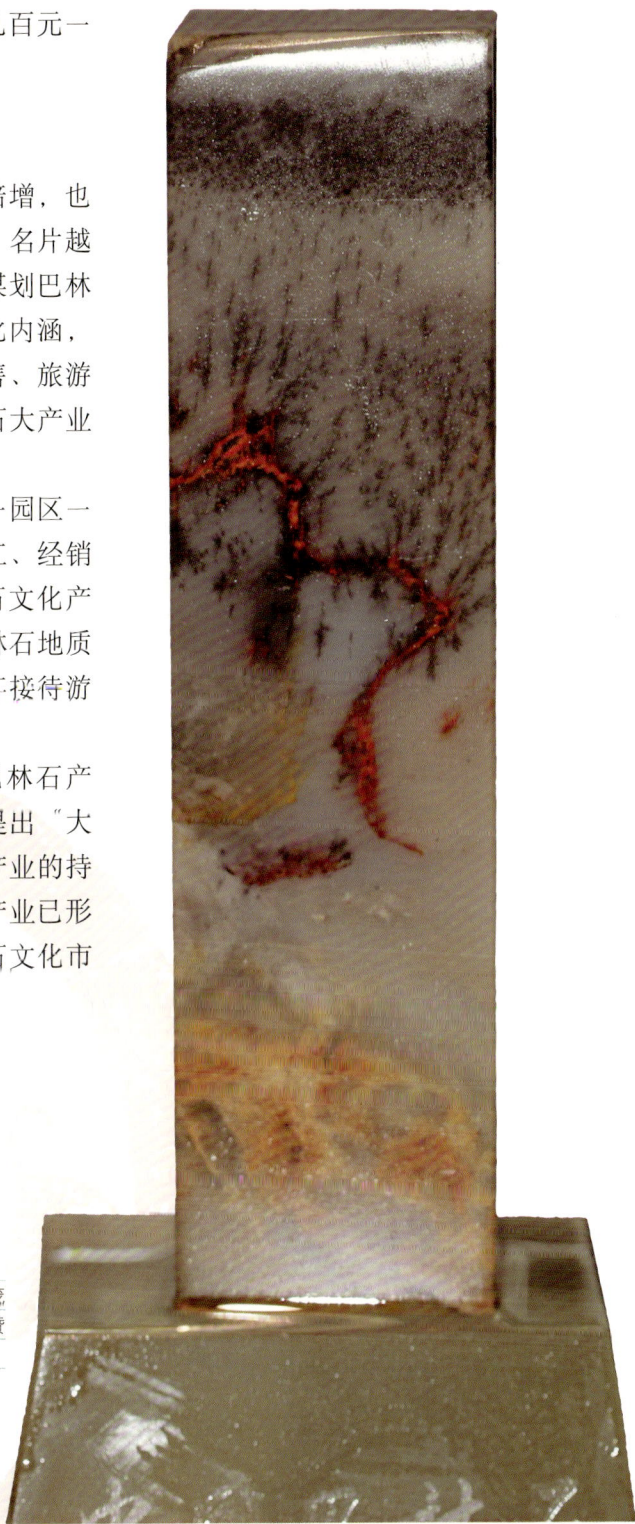

兴建巴林石产业园

　　为了弘扬巴林石文化，打造地区特色品牌，赤峰市巴林右旗多方筹资，兴建了巴林石产业园，总规划占地面积360亩，总建筑面积16万平方米，这里将成为以巴林石博物馆为核心，集巴林石展览、商务文化交流、技能培训、都市观光旅游于一体的文化商务平台。连同与之遥相呼应的巴林石国家矿山公园，巴林石文化的胜景正炫目草原。巴林石成为赤峰市乃至内蒙古自治区的靓丽名片，巴林石产业已成为拉动地方经济增长，带动劳动力就业，促进和谐社会建设的重要产业。

　　在赤峰市还有一个以古玩、巴林石、书画为三大特色，集影视、动漫、图书、雕艺、民间艺术制作、仿古艺术制作等多种文化产业于一体的多元化文化产业园区，它就是玉龙文化园区。

山峦叠嶂·巴林黄冻原石

尺　寸　10厘米×8厘米

鉴石要点　此石构图巧妙，红黑色的纹线就如连绵的远山，望不到尽头。

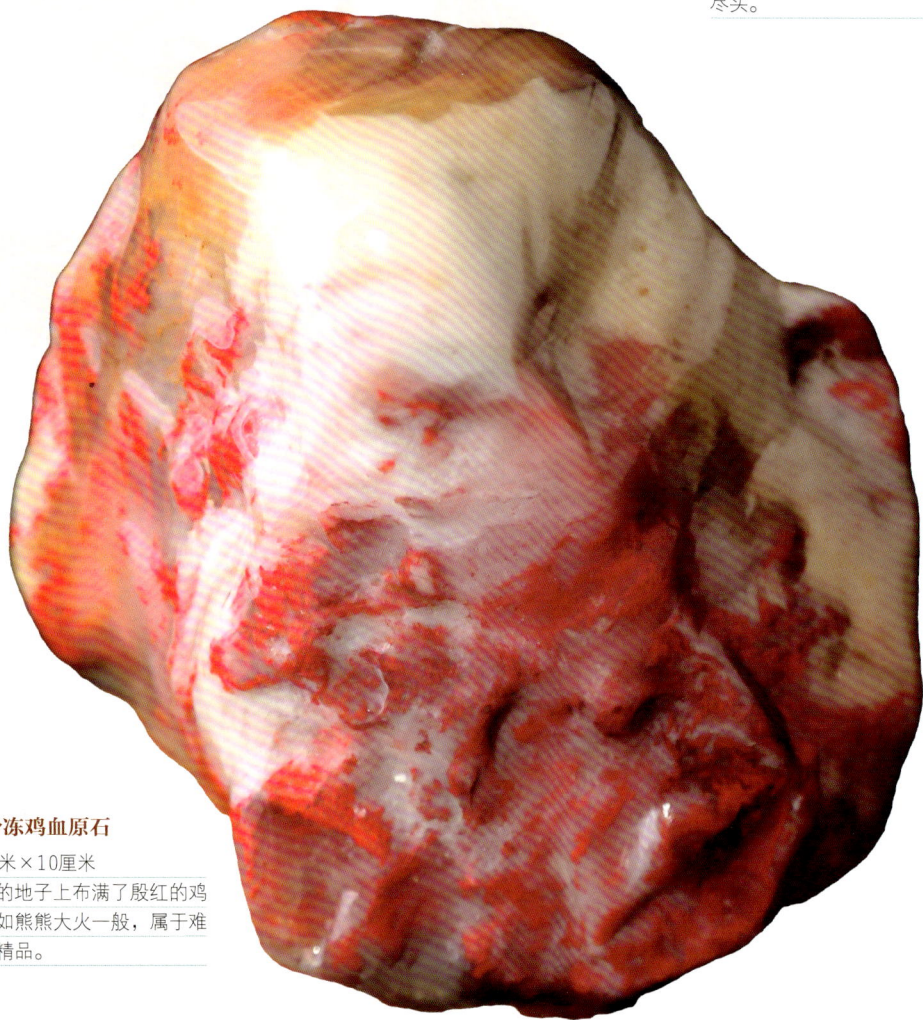

烈焰·巴林粉冻鸡血原石

尺　寸　10厘米×10厘米

鉴石要点　粉色的地子上布满了殷红的鸡血，如熊熊大火一般，属于难得的精品。

144

初元·巴林红花原石

尺　寸　100厘米×45厘米

鉴石要点　在巴林右旗，宾馆、机关等公共场所均
喜欢摆放巴林石摆件，一方面是装饰，
另一方面也扩大了巴林石的知名度，原
石是这些地方最常见的摆设。

如玉把件·巴林红花冻石

尺　寸　6厘米×6厘米

鉴石要点　由于颜色丰富，质地细腻，小
块的巴林石无需雕琢，穿上绳
就是一件很漂亮的把玩件。

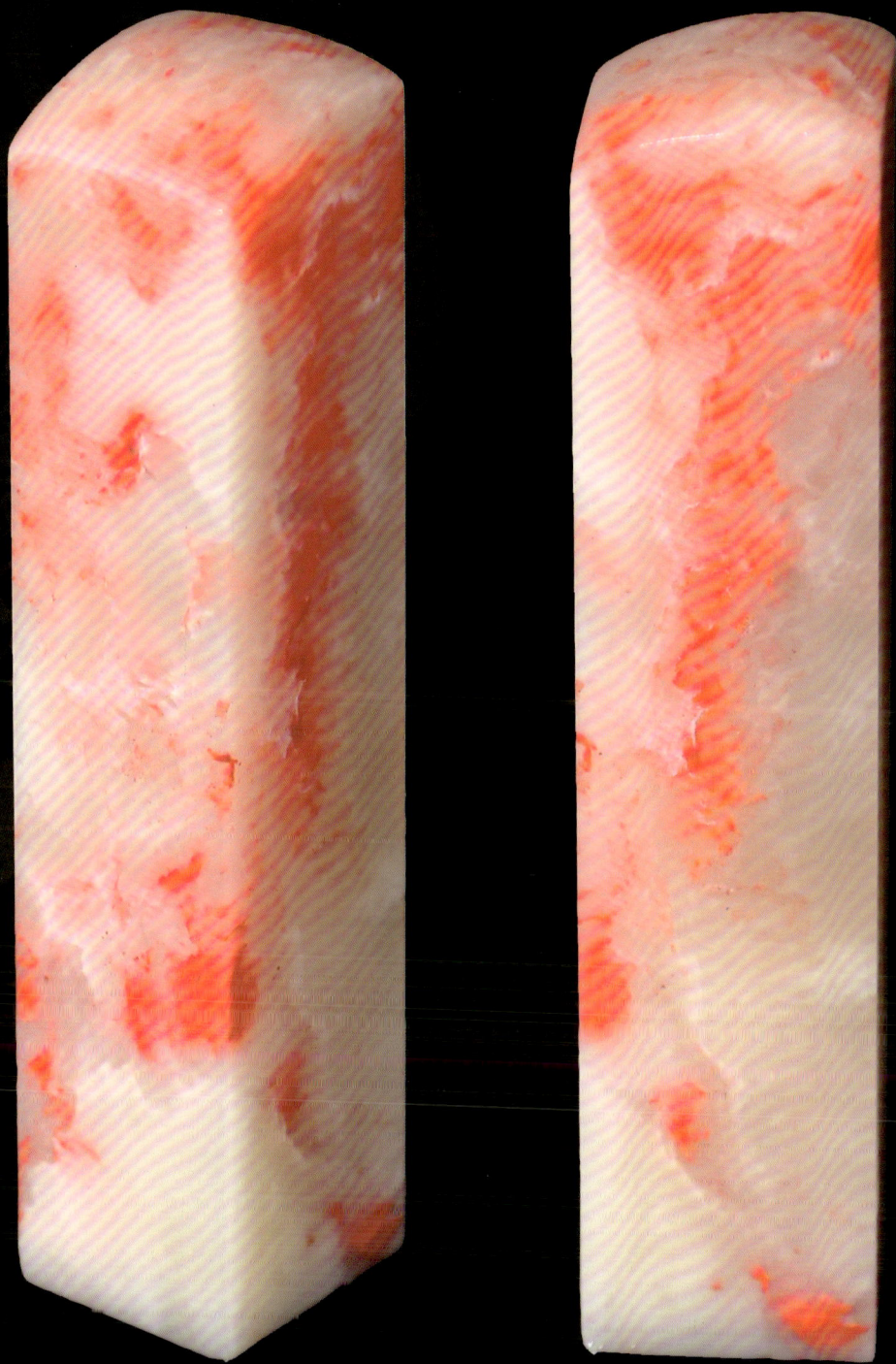

印章·巴林鸡血石

尺　　寸　2.8厘米×2.8厘米×12厘米

鉴石要点　鸡血石方章挑选的时候选鸡血多的为佳品，如果印章六面满地
皆红，就是罕见的"大红袍"，非常珍贵。

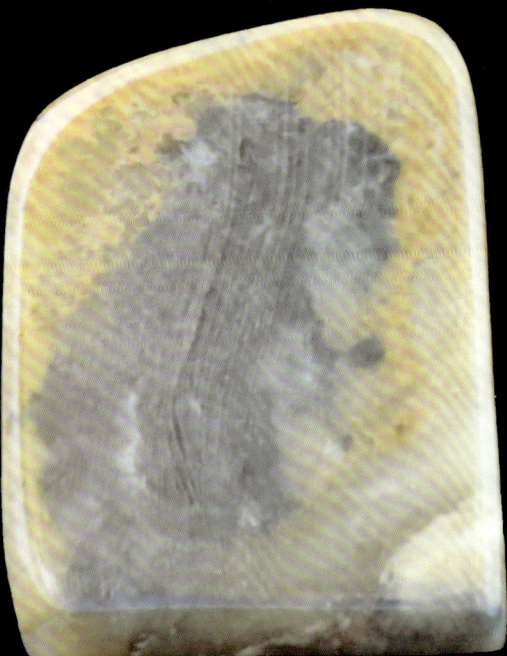

猎人剪影·巴林黄花冻原石

尺　　寸　4厘米×4厘米

鉴石要点　构图就如一个猎人一样在茫茫沙漠中寻找猎物。

冬去春来·巴林水草冻石

尺　　寸　12厘米×18厘米

鉴石要点　造型就如冬春交替时河水的情形，一边是冰冻将融未融，一边是夹杂着水草的潺潺流水。

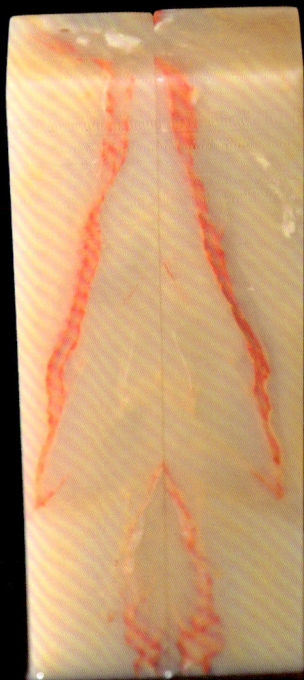

烈焰对章·巴林金银冻鸡血石

尺　　寸　3厘米×3厘米×16厘米

鉴石要点　由四条清晰的血线开合而成，若即若离，造型独特新奇。

红日·巴林彩石

尺　　寸　80厘米×80厘米

鉴石要点　暗夜退去，一轮红日映照，象
　　　　　征着美好一天的开始。

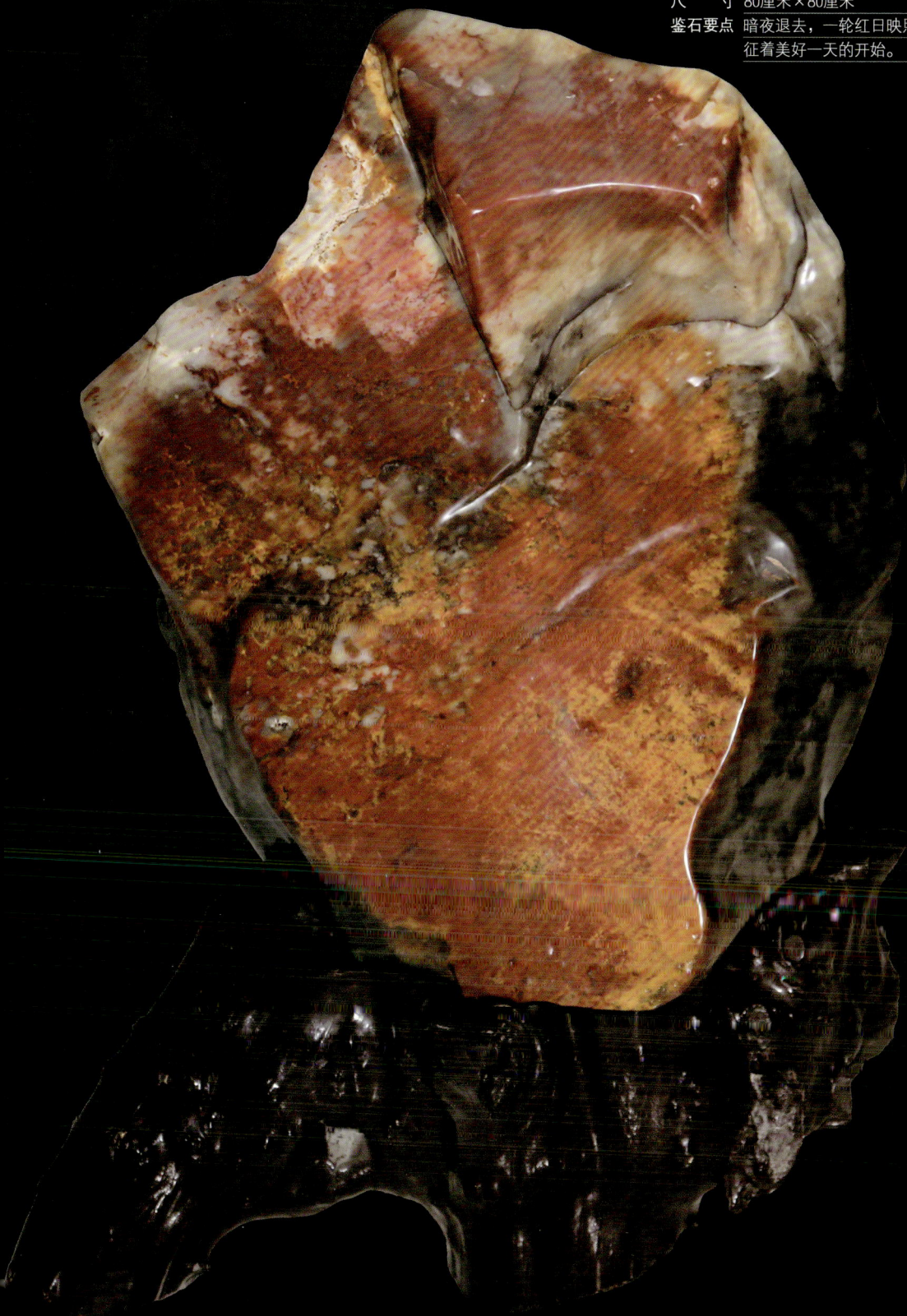

麒麟送宝·巴林黄冻石

尺　　寸　6厘米×13厘米

鉴石要点　麒麟不但是太平盛世的象征，也是降福送宝的使者。这件作品麒麟造型独特，龙首鹿角、虎眼凤翅、马蹄狮尾，一股威猛之气扑面而来。

微雕松竹梅兰四联方章·巴林水草鸡血石

尺　寸　7厘米×7厘米×20厘米

鉴石要点　此作品系玉雕大师刘国兰所作，是一组四方连体章，上面血草红如烈焰，恰似红运当头，下面松竹梅兰清新淡雅，中间则是洋洋1200余字的名篇《前赤壁赋》和《前出师表》，整齐的结构中，字迹疏密有致，洒脱飘逸。

旗帜·巴林红花原石（正背）

尺　寸　6厘米×7厘米

鉴石要点　随形原石，外形褐白两色交替，酷似一面旗帜。

提升巴林石雕艺产业

　　近年来巴林石市场价格上涨了十几倍，随着巴林石市场的崛起，巴林石的雕艺大放异彩。当代巴林石雕是在广泛吸收青田石雕、寿山石雕等技术和艺术风格基础上发展起来的。发展到现在，赤峰市、巴林右旗当地也出了不少雕刻名家，很多浙江、福建的艺人也纷纷到赤峰、巴林右旗安家落户，这些又进一步推动了巴林石雕刻技艺的进步。

　　在赤峰玉龙文化园里有一批优秀的雕艺大师，他们的刀下点石成金，人物、花鸟、山水、景观活灵活现，形态逼真。尤其是微刻艺术，方寸之石容宏篇巨作，细微之处显大气磅礴。2003年至2013年的10年间，赤峰全市有14名会员荣获了全国雕艺大赛"天工奖"的金奖、银奖、铜奖、最佳设计奖累计已达36项。截至2013年，赤峰地区被国家五部委评为中国工艺美术大师3人，被中国宝玉石协会评为雕刻大师3人。被内蒙古自治区评为工艺美术大师9人。

达摩·巴林彩石
尺　寸　8厘米×13厘米
鉴石要点　达摩身穿黑色袈裟，神态坚毅，一捋长髯威风凛凛，不怒自威，令人肃然起敬。

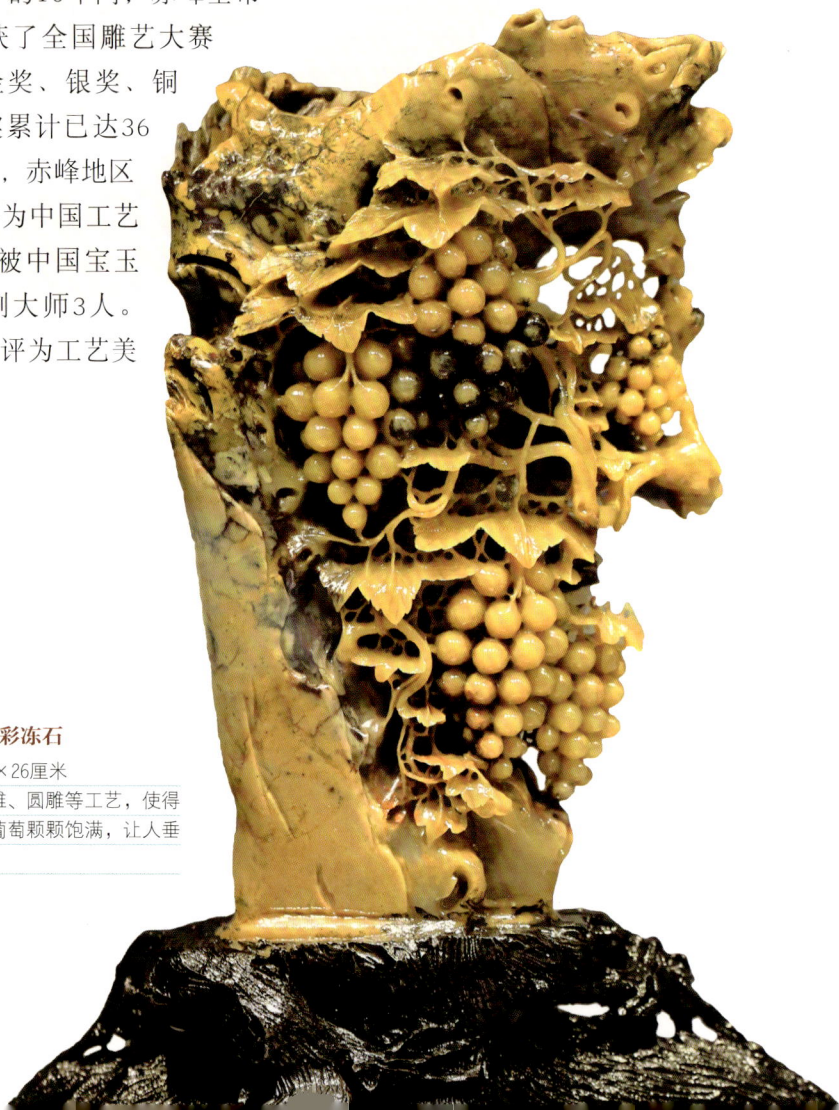

兴旺发达·巴林彩冻石
尺　寸　14厘米×26厘米
鉴石要点　通过镂雕、圆雕等工艺，使得金色的葡萄颗颗饱满，让人垂涎欲滴。

巧雕老翁·巴林黄冻石

尺　　寸　6厘米×13厘米

鉴石要点　老翁弓着腰向前凝
视，身后背着一捆木
柴。表情生动，动作
和谐。作品还巧妙地
利用了石材的黄黑两
种颜色，将黑色部分
雕刻成木柴。

活佛济公 · 巴林红花石

尺　寸　15厘米×24厘米

第四章

鉴石有法，行家教你解决打眼烦心串儿

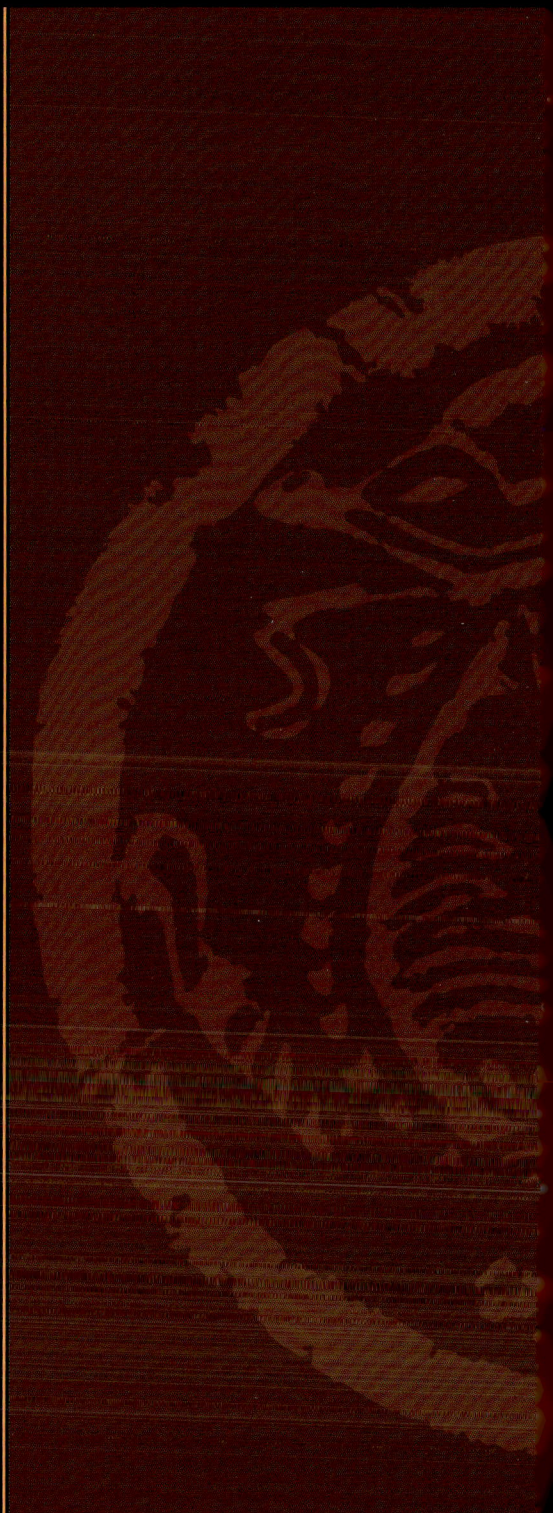

巴林鸡血石和昌化鸡血石的鉴别

昌化鸡血石因主产于浙江临安市昌化区上溪乡邵家村而得名，昌化位于浙江西部临安地区与安徽交界的山区，是西天目山脉的南部延伸，邵家村所处的山区，旧称十二都康山岭，产石的一段原名玉石山，现名玉岩山。

玉树洪峰·昌化鸡血石

尺　寸　30厘米×35厘米

鉴石要点　此件作品系浙江昌化鸡血石雕刻而成，亭台楼阁掩映在大山和松柏之间，如现代人向往的世外桃源。

血色差异

昌化鸡血石血色鲜活浑厚，纯正无邪，但地稍差，因而有"南血"之称。由于昌化鸡血石开发较早，宋代时即有开采，所以其知名度比巴林鸡血石要高出一段。清代民间就有"一两田黄三两金，昌化鸡血石没有价"的说法，可见当时其价格就非常昂贵。清乾隆年间所修的《浙江通志》记载："昌化县产图章石，红点若朱砂，亦有青紫如玳瑁，良可爱玩，近则罕得矣。"这一方面可以看出当时昌化鸡血石在民间的流行与影响力；另一方面

也可以看出那时候的昌化石就成了稀罕之物，很难大规模开采了。

　　昌化鸡血石与巴林鸡血石相比，前者的"血"的颜色更加艳丽鲜明。这是因为昌化鸡血石的石质比巴林石略硬，石质更细腻密实，这样血色的聚集密度更大，血色也显得更加厚实丰盈，鲜艳滋润些。另外，一些昌化老坑鸡血石面世已上百年，早就在石表自然沁出一层透明油性"包浆"，血色在油"润"下可能也显得更红艳一些。巴林鸡血色基本都沁染于莹透冻地之中，因此血色就不那么正红和纯红。

地子差异

　　巴林鸡血石与昌化鸡血石最大的差异在特征方面：昌化鸡血石的地子比较纯粹，而巴林鸡血石多花纹，所以有"南血北地"之称。"地"是鸡血石中的基质，成分以黏土矿物中的地开石或高岭石为主，颜色多为白、黄、灰等；而"血"则是指鸡血石中的不同色调，成分主要是辰砂（硫化汞）。

　　巴林鸡血石含水量高，冻性强烈，地子非常通透干净，所以在自然光下看上去晶莹璀璨，灵动闪亮。而昌化鸡血石冻地很少，且多产自清中期以前。之后的新老坑产鸡血实地为多，半透明或微透明质地的稀缺。即使被看作"冻地"，也比巴林鸡血石的清透度差了很多。巴林鸡血石冻地有的可达到水晶或玻璃一样的透明度，昌化鸡血石的冻地最好的也仅能到半透状的程度。

松鹤延年　巴林鸡血石

尺　　寸　16厘米×17厘米×8厘米

鉴石要点　质地细腻，颜色亮丽，题材取松树、仙鹤，寓意松鹤延年。

颗粒差异

　　在判断昌化鸡血石和巴林鸡血石上，可采用两种简易的方法：一是从鸡血石的表面来判断，昌化鸡血石的表面有石英砂粒，砂粒的分散星星点点，并不均匀，但呈现的面积较

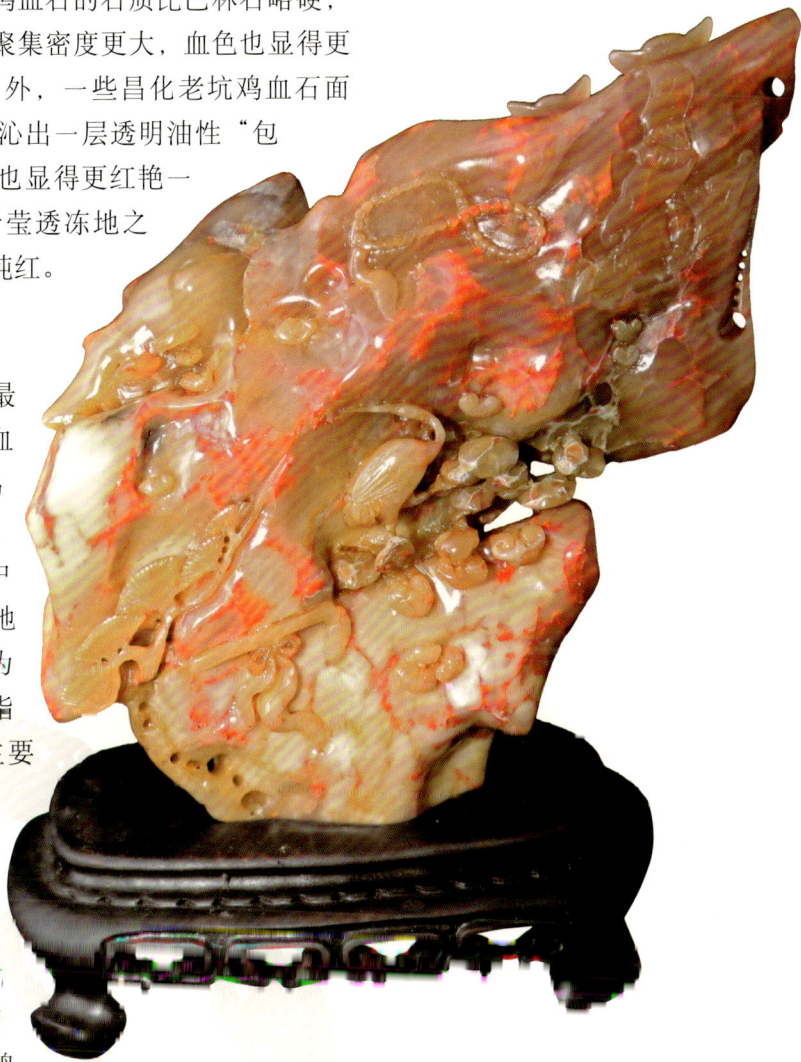

大；而巴林鸡血石的表面一般很少有砂粒，即使偶尔出现，也会呈现聚集状态，以线状或者局部出现；二是看鸡血石的质地，昌化鸡血石往往以硬地、软地或软硬兼之含有冻筋出现，纯冻的极少，而巴林鸡血石往往以纯冻地或纯软地出现，硬地极少，很少有冻筋出现。

雕刻技艺差别

　　与巴林鸡血石一样，昌化鸡血石的主要用途也是制作成印章或者摆件。当作为印章的时候，无论是巴林鸡血还是昌化鸡血，多裁切成素方章，上面不做任何雕刻，以防治"跑血"，平时多放置在阴暗处，并且上油保养。

　　在做成摆件的时候，两者的雕刻工艺就存在不少差异。昌化鸡血石多做成山子，雕刻题材以松柏仙鹤、名山大川、小桥流水、亭台楼阁为主，多是在石皮上进行处理，目的是为了更能映衬出鸡血的艳丽。而巴林鸡血石多做随形摆件，也就是不进行任何雕刻。这一方面是因为人们对石材的

红日对章·巴林黄冻鸡血石

尺　　寸 2.5厘米×2.5厘米×7厘米

鉴石要点 此两方巴林石印章石质纯净细腻，色泽古雅，石章通体泛红，似有一轮红日映照，色泽明艳妩媚。

朝霞对章·巴林白玉冻鸡血石

尺　　寸 3厘米×3厘米×14厘米

鉴石要点 石质冻透通灵，就好像白玉一样，鸡血浓艳滋润如朝霞般灿烂，令人心动。

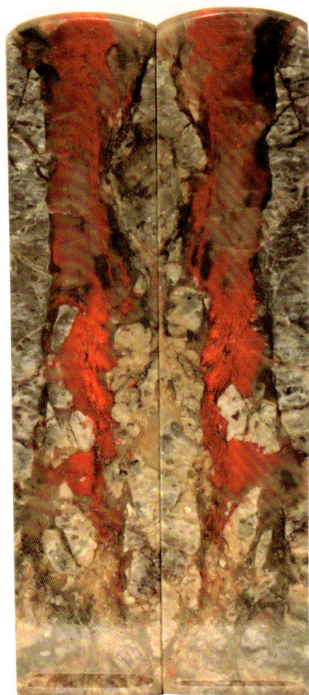

双龙飞天对章·昌化鸡血石

尺　　寸 5厘米×5厘米×10厘米

鉴石要点 血色红艳且凝聚，就好像两条红色的巨龙腾空而出，给人无限遐想。

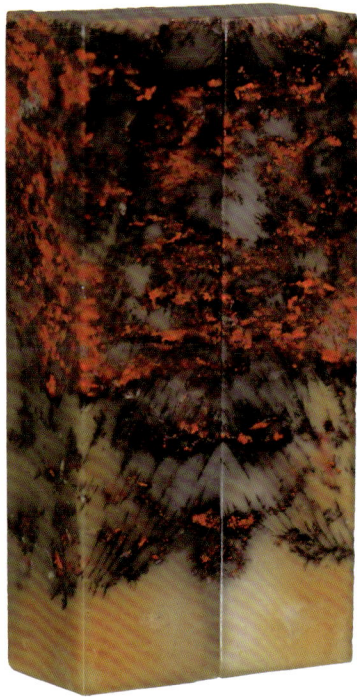

丰收对章·巴林水草鸡血石

尺　　寸 7厘米×7厘米×20厘米

鉴石要点 外形就如一幅中国写意山水画，黑漆的山林中泛起了片片的红光，耀眼而璀璨。

爱惜，怕雕刻不当出现"跑血"现象，另外也与当地缺少雕刻名家有关。毕竟昌化石的雕刻从明清时代就已经开始了，而巴林石雕只有几十年的历史。

和谐·昌化鸡血石

尺　　寸　50厘米×30厘米
鉴石要点　雕刻细腻，血色浓郁，利用石皮的黑色雕刻成荷叶状，底座搭配莲子，寓意"和谐"。

闲云野鹤·昌化鸡血石

尺　寸　28厘米×26厘米

鉴石要点　此件作品的材料为昌化鸡血石，灰色
地子，通体布满鲜红的鸡血，如山间
的云雾。山腰间松树郁郁葱葱，几只
仙鹤嬉戏其上。

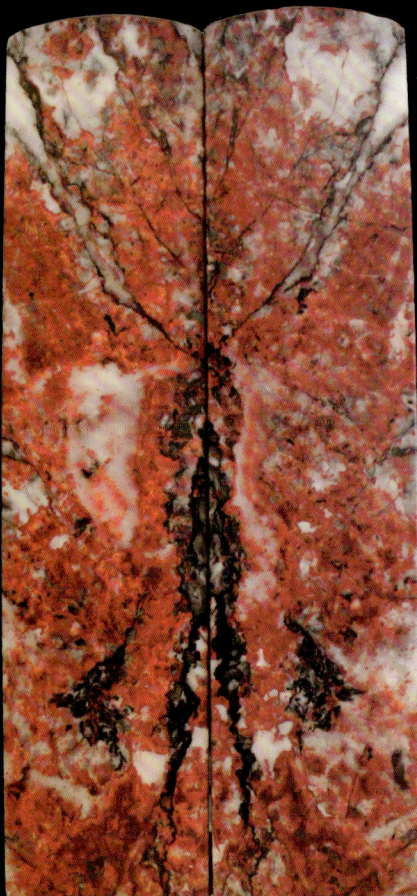

红梅对章·昌化鸡血石

尺　寸　4.5厘米×4.5厘米×8厘米

鉴石要点　石材系浙江昌化鸡血石，黑白地子上
的血色既浓又艳。

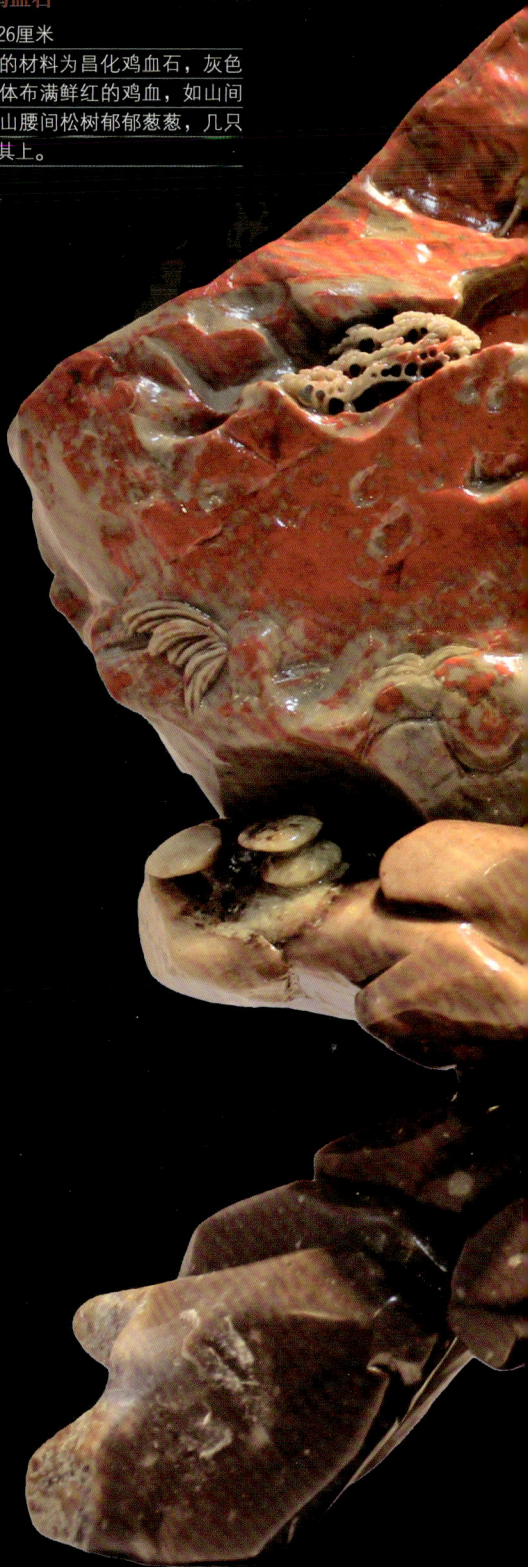

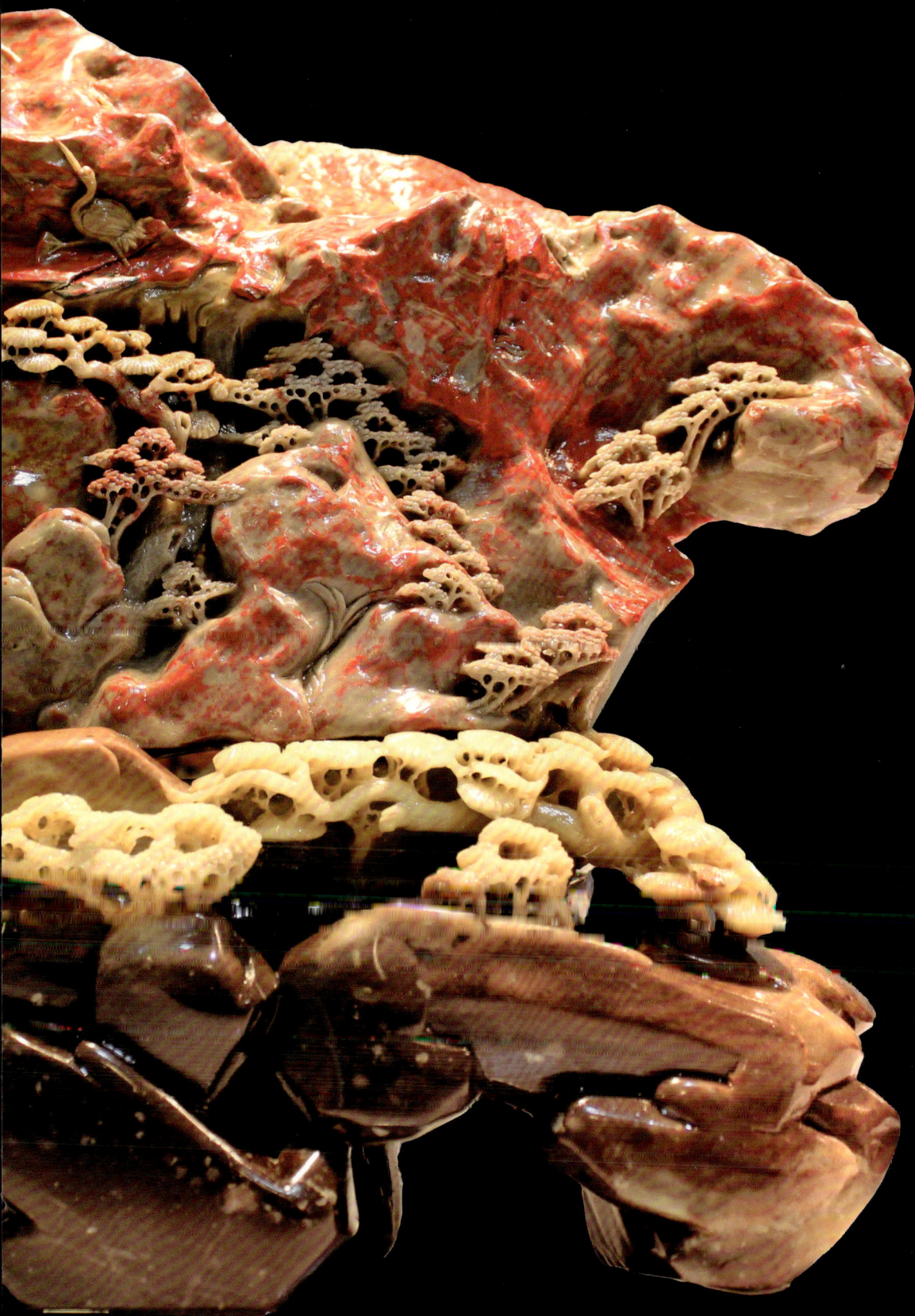

巴林福黄石和寿山田黄石的鉴定

田黄石，产于福建福州市北郊寿山村的田坑，是寿山石中的珍品。由于它有"福"（福建）、"寿"（寿山）、"田"（财富）、"黄"（皇帝专用色）之寓意，具备细、洁、润、腻、温、凝印石之六德，故称之为"帝石"，并成为清朝祭天专用的国石。据史料记载，清时福建巡抚用一整块上等田黄雕刻了"三连章"，乾隆皇帝奉为至宝，清室代代相传；咸丰帝临终时，赐予慈禧一方田黄御玺；末代皇朝解体，溥仪不要所有珍宝，只将那枚"三连章"缝在棉衣里。至于民间相传，田黄石是女娲补天时遗留在人间的宝石，又说是凤凰鸟蛋所变，还传田黄石可驱灾避邪，藏田黄者能益寿延年等，给田黄蒙上了许多神秘色彩，故田黄一直是收藏家梦寐以求的至宝。

春江待渡·寿山田黄石

尺　寸　4厘米×7厘米

鉴石要点　重达19克，采用薄意技法在表面雕刻松树、仙鹤等图案，系福建省工艺大师白羽雕刻。

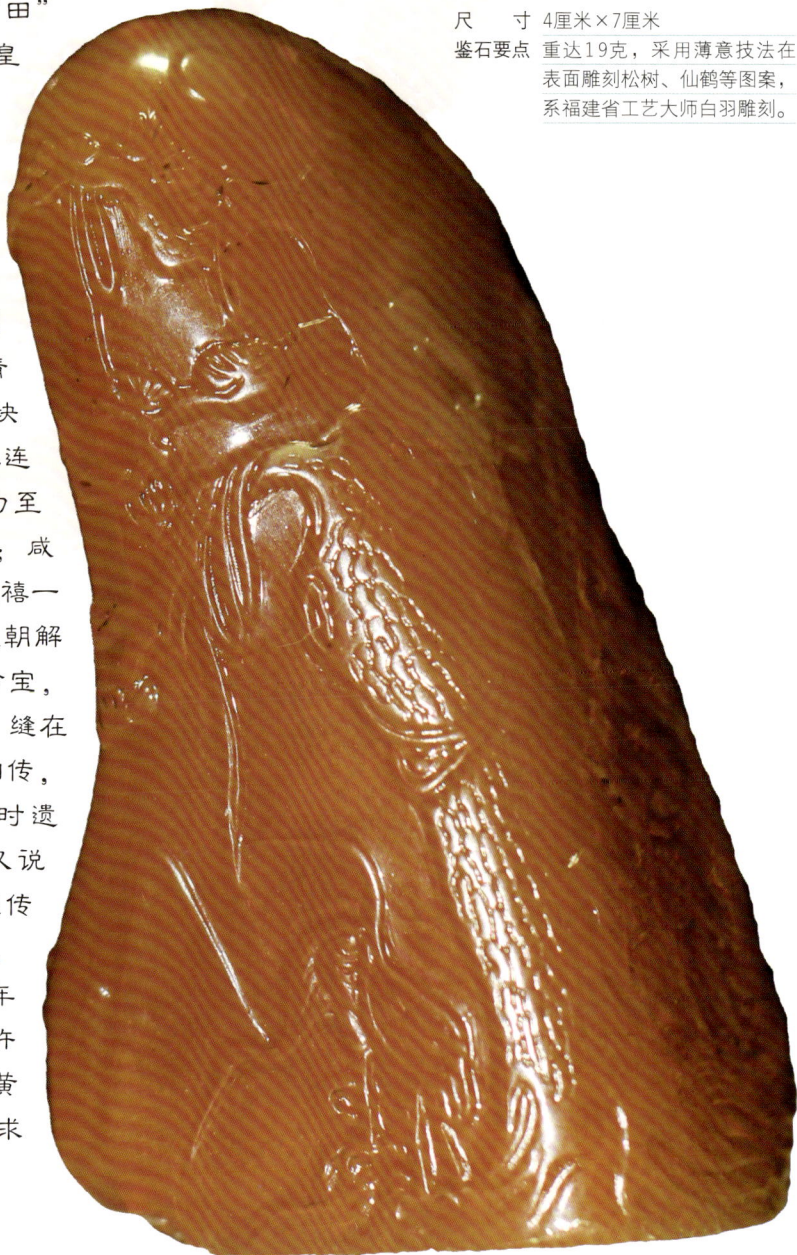

稀缺珍贵品的鉴别

田黄石之所以珍稀的另一个原因是因为在地球上，只有福建寿山村一条小溪两旁数里狭长的水田底下砂层才有此石。且经过数百年来的连续掘采，寿山村的水田已被翻掘了无数次，目前已开采殆尽，上乘的田黄早已是无价之宝。

田黄石的外形多呈卵石状，光嫩圆滑，没有明显的棱角。这是由于矿块在迁移滚动过程中，受到溪水不断冲刷研磨的结果。田黄石的质地湿润可爱，为微透明或半透明体。如果仔细观察，会焕发出一种其他石材品种所不具备的迷人光彩。

尽管按照色相来区分，有田黄、白田、红田、黑田以及银裹金、金裹银等品种，但无论什么色彩的田黄石都是以黄色作为它的基调，只不过偏白、偏红或偏黑而已。

比如"红田石"其色近橙黄如橘皮，绝不可能出现桃红、朱红和血红的色彩；"黑田石"则黑中带赭；即便被称作"白田"的田黄石，也并非纯白如雪，而是白中稍带淡黄或蛋清色。

多数田黄石的外表都有黄色或黑色的皮层包裹着，或厚或薄，或全裹，或稀疏挂皮，形态变幻无常，虽然也有一些田黄石因为色皮极薄，一经雕刻打磨即被清除，但田黄石的颜色都不是表里如一的，通常是由表皮向里层逐渐转淡，乃至泛白。

这种色彩的变化规律，块头大的田黄石尤为明显。凡是透明度较强的田黄石，在强烈的光线下观察，它的肌理往往隐约可见到一条条细而密的

事事如意·巴林福黄石

尺　寸　16厘米×23厘米
鉴石要点　质地细腻通透，颜色金黄，两只狮子自由嬉戏，寓意事事如意。

纹理，其形状犹如刚刚出土的白萝卜纤维，故有"萝卜纹"之称。

红筋是指田黄石表层偶尔出现的红色筋络，红如血，细如丝，俗称"红筋"又叫"血丝"。它是田黄石在迁移过程中产生的细裂纹，经土壤中氧化铁渗透而形成的格纹。

纹理外观特征的鉴别

巴林福黄石与寿山田黄石的真伪鉴定，主要是依靠肉眼进行，根据上述外观特征基本可以辨别清楚。这是因为，巴林福黄石无石皮，没有萝卜纹，温润不足，肌理洁净，微透明，灵度(坚亮感觉)高。与巴林福黄石相比，寿山田黄石有石皮，有细细的萝卜纹，温润，肌理洁净，玲珑清澈，微透明，六德俱在（温、润、腻、凝、细、洁）。

秋韵·寿山田黄石
尺　　寸　6厘米×8厘米
鉴石要点　重达19.1克，采用薄意浮雕技法。

卧虎罗汉·寿山田黄石（正背）
尺　　寸　15厘米×16厘米
鉴石要点　重达42克，由寿山石雕刻大师冯志杰雕刻。

幽谷山中·寿山田黄石
尺　　寸　10厘米×12厘米
鉴石要点　重达26.5克。

世外桃源·巴林鸡油黄福黄石

尺　　寸　18厘米×23厘米

鉴石要点　色彩和质地油润细腻如鸡油一般，小桥流水下两名高士领着童子饮酒抚琴，一派祥和之气。

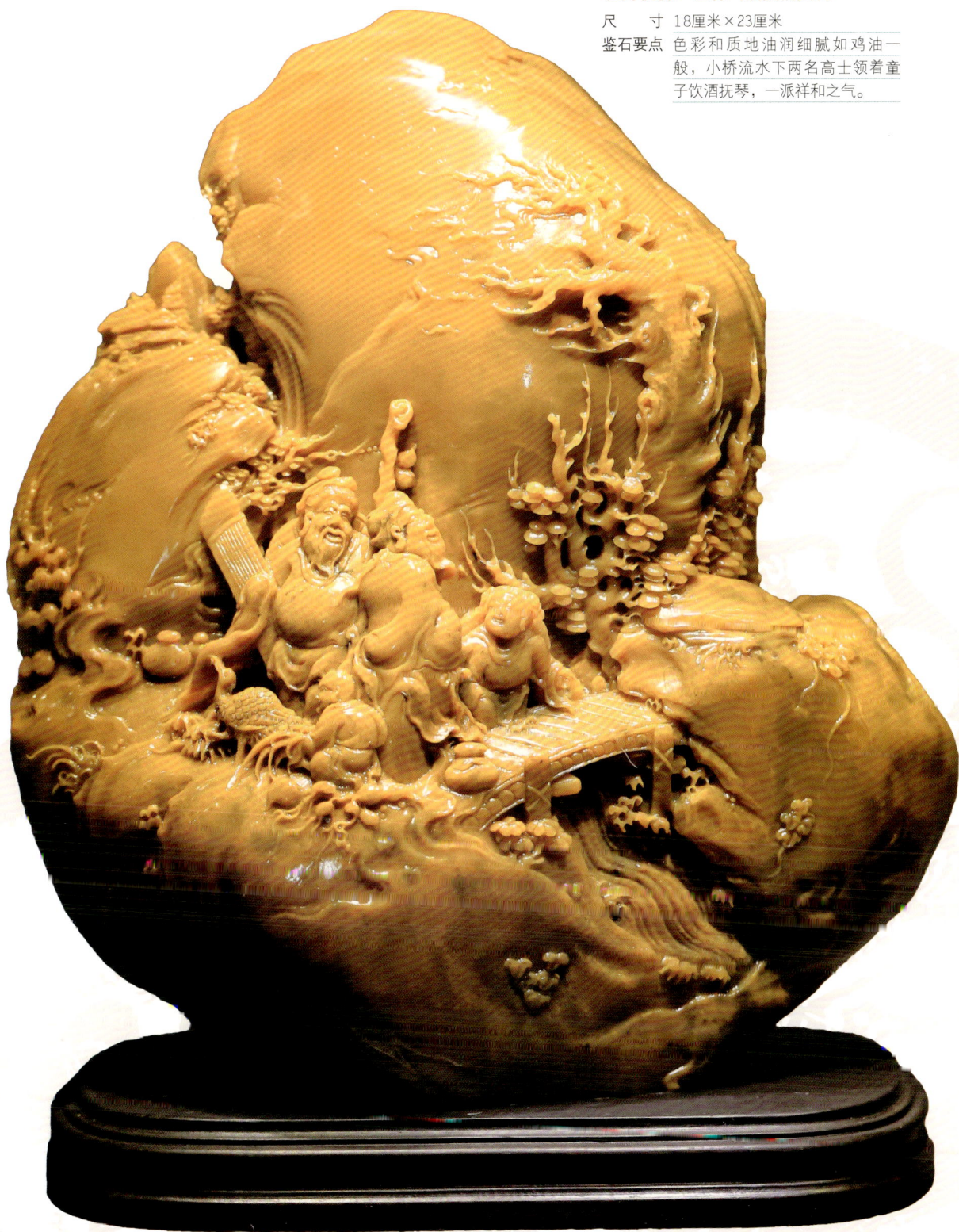

巧辨赝品不打眼

随着巴林石知名度的不断提高，仿冒的巴林石随之涌入市场，有的已经到了以假乱真的地步。既损害了巴林石的形象，也使广大巴林石爱好者蒙受不应有的损失。巴林石制伪一般有以下几种方式。

冒充法

也叫偷梁换柱法，就是用其他地方出产的石材冒充巴林石销售。这种情况在流动的摊贩上比较集中，所以在这些地方购买巴林石一定要多仔细鉴别。

很多大的印章或雕件，外观看起来颜色、花纹都和巴林石很相似，鲜艳细润，价格也要的不高，但是不要轻易下手。实际上，如果从颜色上判断，很多外地产的石头，比如青海彩石、辽宁石、吉林石、巴林左旗石（紧邻巴林右旗）粗看起来也与巴林石有很多相似。但这些石头的质地却与巴林石相差很大：要么疏松，要么坚硬，很多还无法抛光。

还有就是偷换概念，比如将普通的冻石或质地浑浊的巴林石叫做"牛角冻"、"酱油冻"，稍微带点红的就叫做"红花石"，实际上这些石材可能均是下品，基本没有升值空间。当然，遇到这类情况，要想不"打眼"，只能靠自己平时多积累巴林石的鉴赏知识，多接触真品。

镶嵌法

造假者将一些质地比较好的冻石或者彩石挖去其中一部分，然后镶嵌进去一块同样大小的鸡血石，这样一块普通的

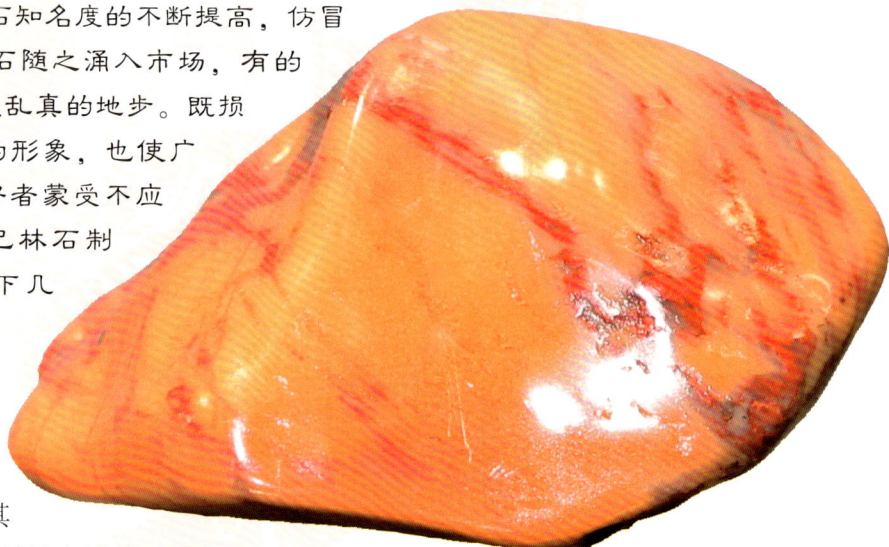

巴林粉冻鸡血原石
尺　寸　5厘米×6厘米

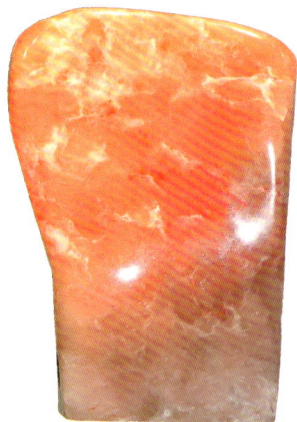

巴林粉冻鸡血原石
尺　寸　6厘米×8厘米
鉴石要点　粉嫩灵透的地底上，血色层层散开，如桃花般娇艳。

巴林石就变成了鸡血石，价格也会成倍增长。

这种真假相间的石质最难辨别，常用的鉴别方法是仔细观察鸡血部分的质地，观察血色和纹理的走向，由于是镶嵌，仔细观察就会发现鸡血石的血色和纹理的搭配极不协调，突然消失的地方可能就是镶嵌拼接而成。

描绘法

造假者在没有血或血很少的巴林石上涂以红漆或硫化汞。这在印章上较为常见。有的时候为了表现鸡血石的层次

巴林石半成品原石

鉴石要点 在特制的油水中浸泡。

感，会涂抹好几次，然后将仿冒品放入树脂里，晾干后再上一层蜡。这种造假的鉴别方法是从鸡血石的纹理入手，描绘过的鸡血石纹理不清，血色呆板。另外，也可以用刀削切一些碎屑，用火烧，如果能点燃的肯定是假冒品。

煨色法

　　主要是选取一些质地较纯净、裂纹较少的巴林石，然后将其用小火煨煅，使其色质发生变化。还有的是经过化学方法处理过后，再用火煨。如青白色石料涂刷硝酸铁溶液后，经过火煨会变成红色，油浸之后用火煨会变成黑色。虽然石头的外表颜色发生了变化，但其渗透到内部的印痕并不深厚，其内质没有改变。这样的石头由于经过了化学处理，一般会变得疏松脆硬，用刀一刻就会原形毕露。

添补法

　　通常是在巴林石雕件上使用，它是根据雕件的设计所需，将鸡血石、冻石或者彩石用胶水填补在某个部位，接缝

巴林水草冻原石
尺　寸　3厘米×5厘米

处要填入石粉，有的还以工艺作为装饰，刻上云彩、山石等，来遮盖填补所留下的痕迹，然后将其整体进行磨光、上蜡。这样小件就变成了大件，普通巴林石雕则变成了价值连城的鸡血石雕。鉴别的时候要仔细检查质地、颜色明显差异的部位。在贴接处用刻刀刻划，可感觉到明显差别。

貔貅·巴林黄水晶冻石

尺　寸　7厘米×10厘米

鉴石要点　质地通透细腻，就好像水晶一般，是巴林石中难得的精品。

狮钮方章·巴林朱砂石

尺　寸　4.5厘米×4.5厘米×8厘米

鉴石要点　质地细洁，如玛瑙般晶莹剔透，色泽古雅。印钮线条流畅，造型生动。

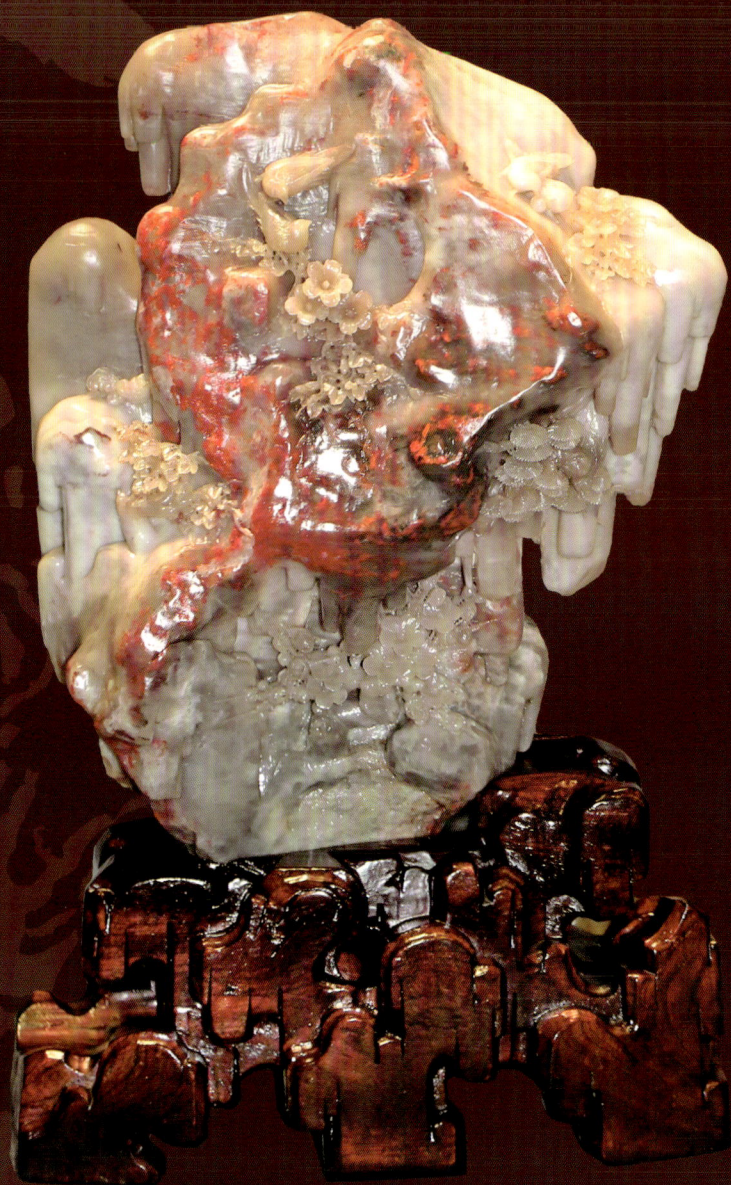

梅鹊争春·巴林牛角地鸡血石

尺　　寸　30厘米×40厘米×20厘米

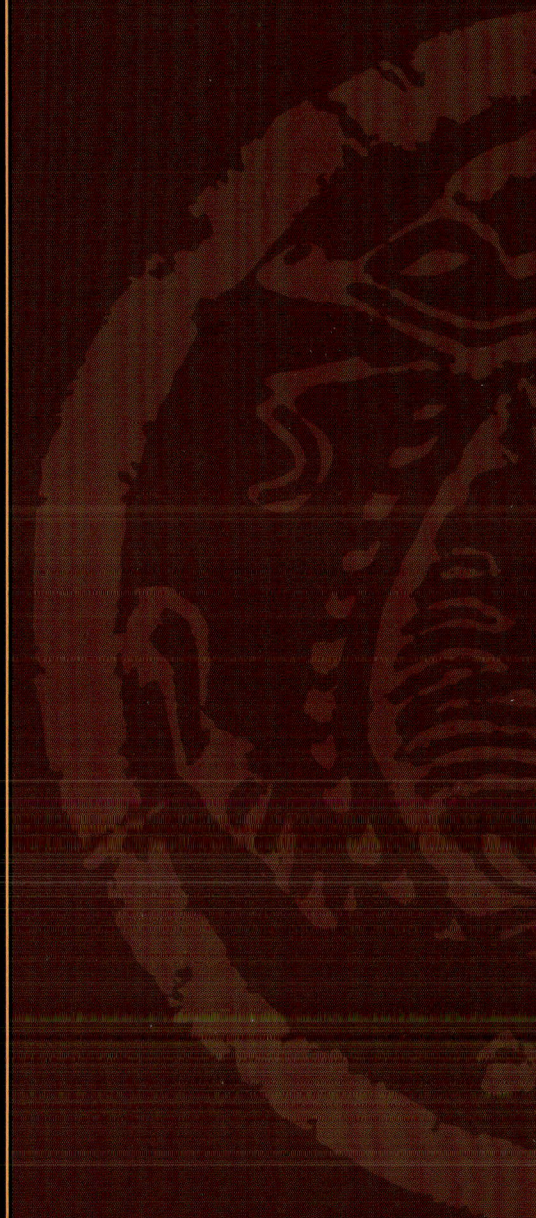

第五章

投资有道，

内行玩家的升值秘诀

巴林石品类巧投资

关于巴林石材质最后还要提示：名贵石种不宜大动干戈，减少损耗仅宜略施装饰，尽可能保持石头的原生态美感。石头中的杂质和瑕疵如无利用可能，尽量在雕刻和加工创作中去掉，实在去不掉的务必加以巧妙利用，设计为适当的事物构成部分，也许会"点石成金"般创出奇迹。还有石头会有一些裂纹，也要顺势处理为合理的走向结构，不要露出破绽。巴林石的小块石头也可利用做成把件、吊坠等，所有的巴林石应该都有利用的价值，绝不要轻易弃之。

巴林鸡血石投资

巴林鸡血石按质地和颜色分为极品、上品、中品和下品4个等级。

极品，质地细腻，血色艳丽且极为罕见。血面占全石绝大部分者称为"大红袍"，在一块石头上红、黑、黄(或白)三种颜色匀称分布者称为"刘、关、张"，极为罕见，均属极品，地子为优质冻石的鸡血松枝或鸡血形成的奇艳图案者也属极品。

上品，地子为质地较好的冻石，纯净无杂，无钉无绺；血色鲜红，血面大或血线宽厚，且前后贯穿，血地搭配

李时珍·巴林粉冻石

尺　寸　18厘米×25厘米
鉴石要点　雕工精美，线条流畅，人物、仙鹤、竹筐、药材等融为一体，大气而端庄。

172

巧妙浑和；硬度适中，加工后造型美观，极富有光泽者。

中品，地子为质量较好的冻石或彩石，地色与血色反差不大，或画面杂乱，或血的面积较小或血线不厚或血色不鲜或有少量钉绺，加工后形状尚佳或光泽尚好者。

下品，地子为较差的冻石或彩石，鸡血不够鲜，或老而发紫，或成小面积点状分布，或加工后无型无光者。

巴林福黄石投资

巴林福黄石类可划分为两个品级。

极品，即某些书中提到的巴林黄，此矿层非常薄，产量极微，现在已经不再产出，质地与田黄相比毫不逊色，现在的极品福黄石一般都称为鸡油黄。

上品，质地细腻，肌理透明清晰，通体为黄色，隐现纤细的水痕，坚而不脆、软而不松，色泽高贵端庄，形体玲珑剔透者，蜜蜡黄、水淡黄以及其他品种中色泽纯正、图案典型、意境较佳者都可称为上品。

其他品种的地上虽有黄色，但面积太小，不够纯净，形不成主色，故而划分成其他品种，不属于巴林福黄石。

巴林冻石投资

巴林冻石类可以划分为四个品级。

极品，一类是能切出惟妙惟肖的画面，令人拍案叫绝；一类是出现蓝绿颜色，面积大，颜色正。此类冻石均质地纯正，透明度较高，无绺裂，块度适中。

上品，质地细腻，透明度较高，肌理清晰，色泽纯正，浓淡宜人，石质无缺损，品质可人，不含钉绺。上品质地非常纯净，不含一点杂质者，如比较典型的水晶冻、玫瑰冻、芙蓉冻、牛角冻、羊脂冻、桃花冻、墨玉冻等。

中品，质地透明度稍差，纹理不够清晰；颜色单一但欠纯正，或颜色多样但欠鲜明；稍含钉绺或有些裂纹但不影响质量，块度有一定的选择余地。

下品，自身品质较差，绺裂较多，透明度较差，颜色不够鲜明。

巴林彩石投资

巴林彩石类划分为四个品级。

巴林牛角冻石把件
尺 寸 ┆宽××厘米×厘米
鉴石要点 地子黑中泛青，就好像牛角一般，不需雕琢，就是件很好的把件。

好事连连·巴林福黄石

尺　　寸　16厘米×18厘米

鉴石要点　雕件造型与艳黄明媚的色
调相映衬，更显得富丽堂
皇，富贵吉祥。

佛语·巴林福黄粉冻石

尺　　寸　9厘米×13厘米

鉴石要点　此件作品雕工精湛，
灵动流畅，弥勒佛神
态自然，表情生动。

罗汉·巴林福黄石

尺　　寸　15厘米×19厘米

鉴石要点　罗汉须髯飘逸，喜笑颜
　　　　　开，线条圆润流畅，造
　　　　　型古朴生动。

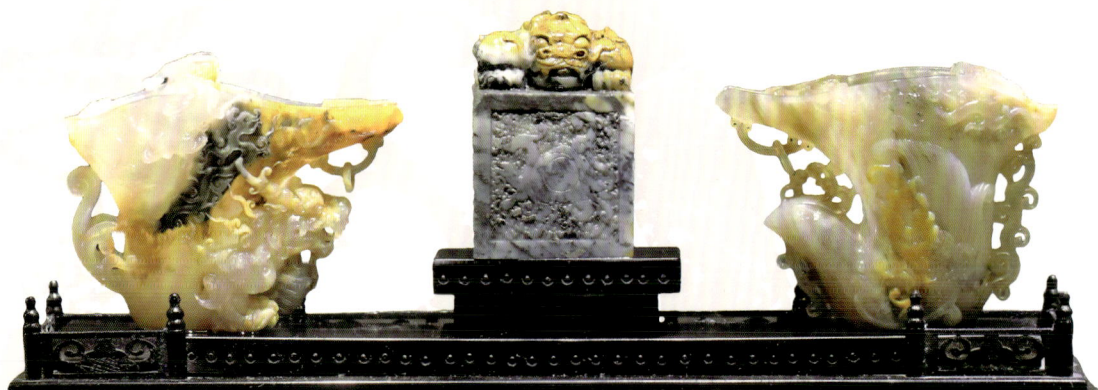

龙凤林印章·巴林黄冻石、紫云石

尺　寸　12厘米×14厘米（龙）；
11厘米×14厘米（凤）；
8厘米×8厘米×15厘米（章）；

鉴石要点　此组巴林石摆件，石质光艳纯净，晶莹剔透。造型华丽流畅，精巧细腻。

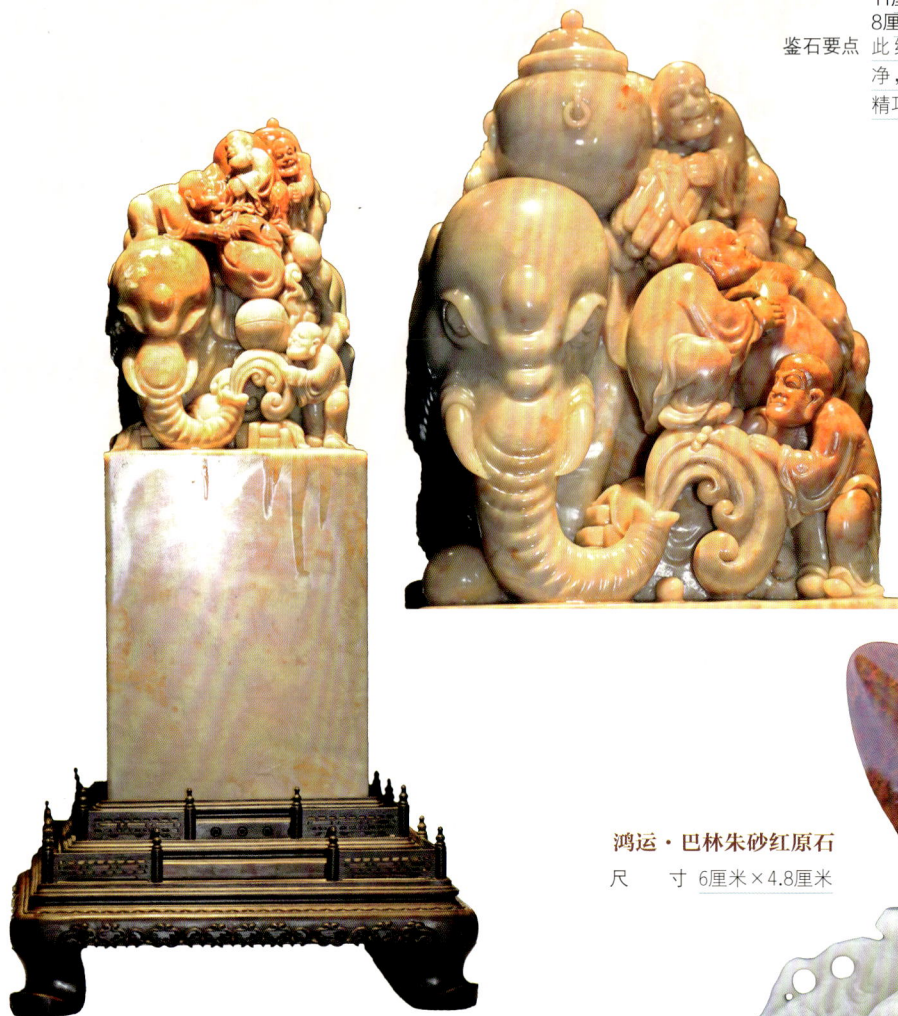

鸿运·巴林朱砂红原石

尺　寸　6厘米×4.8厘米

太平有象章·巴林彩石

尺　寸　8厘米×8厘米×16厘米

极品，即彩石中切出画面，画面线条清晰，色泽纯正，形象逼真，块度适中。质地对色彩衬托得当。

上品，一类是自身带有各种线条或斑块者，如满天星、豹子点、红花石、紫云石等。一类是通体是一种颜色，不含其他杂色，或虽然是两种以上的颜色，但颜色之间界线分明，比例协调，而且色泽纯正，硬度适中，没有砂钉，块度适中者。

中品，整体以一种颜色为主，颜色不够纯正，带有其他颜色，而且不成比例，石面略显杂乱，不够协调。

下品，色泽不正，绺裂较多，块度不够者。

一品当朝巧雕·巴林鸡血石

尺　寸　15厘米×23厘米

鉴石要点　作者巧用石质肌理，构思精妙，将一大片鸡血完整保留，一只瑞兽踏云而来，寓意吉祥。

人物纹方章·巴林彩石

尺　　寸　3厘米×3厘米×12厘米

韵·巴林红花冻原石

尺　　寸　15厘米×21厘米

鉴石要点　色泽明艳，似霞光映照，又似清水中浮
　　　　　满了丹砂，丹砂色泽深沉，油润细腻。

龙凤尊·巴林金银冻石

尺　　寸　15厘米×23厘米

鉴石要点　尊身由一圆雕立龙托起，周身饰有卷云纹。尊侧琢有双夔凤，栩栩
　　　　　如生。尊盖上立雕一螭龙，神采飞扬，带着活灵活现的神韵。龙
　　　　　与凤都是传说中想象的神物，皆带有传奇的色彩，龙能降雨祈丰收，
　　　　　象征皇权，凤凰高贵风姿绰约，为吉祥幸福的化身。

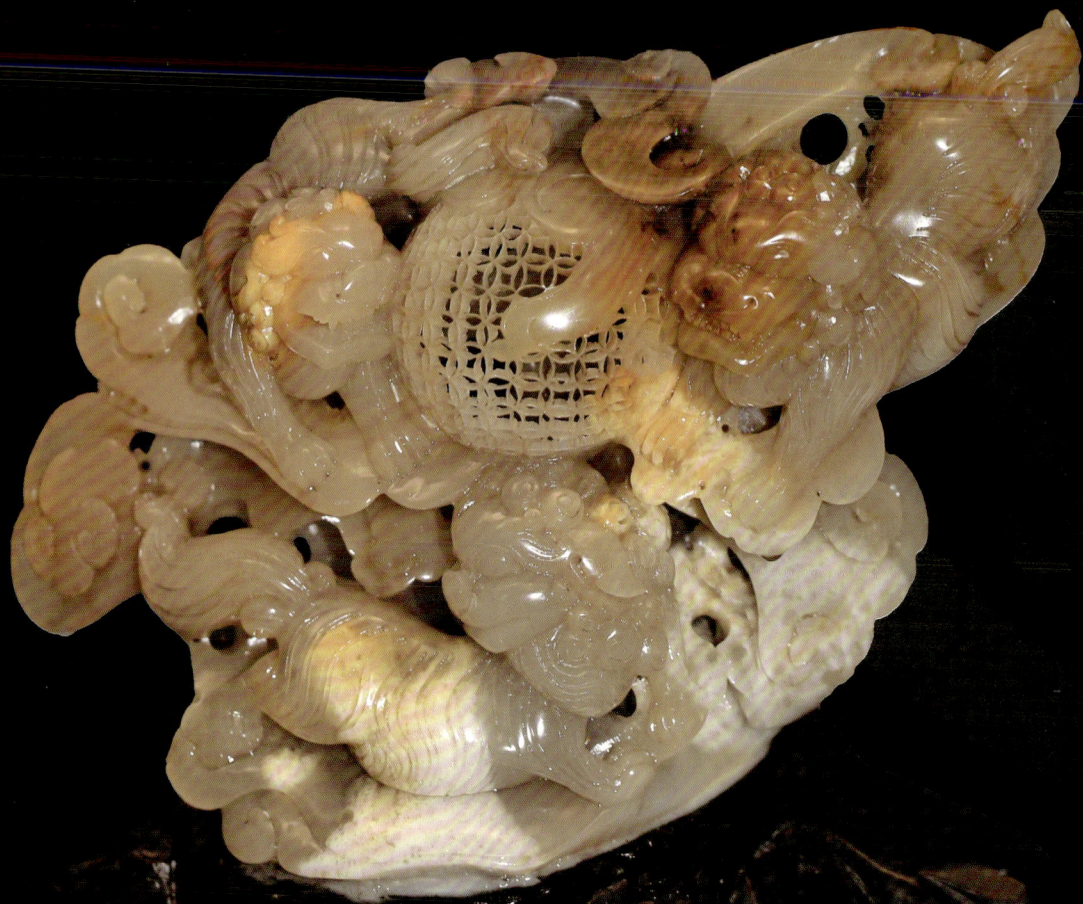

狮子绣球·巴林冻石

尺　　寸　18厘米×26厘米

鉴石要点　此件作品呈狮子戏球状。狮子俯卧，鬃毛翻
卷，神态威武。整器雕琢细致，细节凸现，
栩栩如生。

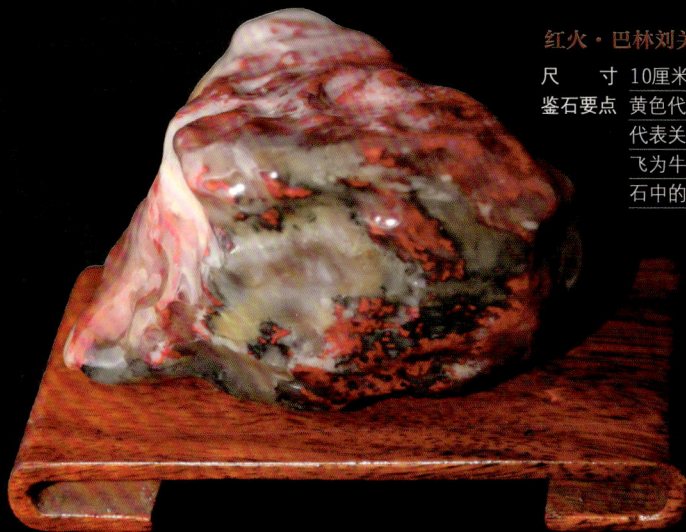

红火·巴林刘关张鸡血石

尺　　寸　10厘米×10厘米
鉴石要点　黄色代表刘备为巴林黄，红色
　　　　　代表关羽为鸡血，黑色代表张
　　　　　飞为牛角冻，无杂色，是巴林
　　　　　石中的极品。

济公·巴林鸡血王石

尺　　寸　16厘米×12厘米×7厘米
鉴石要点　重达1.5千克。形材大且规
　　　　　整，整体犹如冰肌铸成，清
　　　　　透、纯净。形如网状的血脉仿
　　　　　佛溶入冰层，分外清新、鲜润
　　　　　和水嫩。

投资巴林石必知要点

虽然每种巴林石都有自己的特色，且都存在较大差异，但对于初入此行的收藏者来说，完全可以通过简单的几种方式鉴别出巴林石的优劣，因为不论是哪种类型的巴林石，其作为精品石至少要具备以下特质。

石头要干净

目前全世界除了对钻石的质量划分较为统一外，其他有色宝石、玉石、彩石的质量评价及分级是非常复杂的问题，因为它受诸多因素影响质量参数，而评价又特别讲究搭配，优劣可以互补。因此对玉石、彩石质量评价很难建立一个统一标准，过去研究资料匮乏，仁者见仁、智者见智，这是形成"黄金有价，玉无价"看法的主要来源。

但不论哪种方法，颜色和质地是评价巴林石质量的核心要素，正如我国著名的书法、篆刻家邓散木先生在其所著的《篆刻学》一书中指出的：鸡血石其品之高下，则在血在地。其透明度、光泽、硬度及缺陷等则为辅助因素。

天然巴林石石质中多含瑕疵，瑕疵越多净度越差，这些瑕疵主要有"格裂"和杂质两类。因为受到成矿原因、地理因素、开采方式等的影响，进入市场的巴林石总会或多或少有些瑕疵，如果是纯净无瑕、无裂纹、无砂钉者，那一定是上品，这一类石头可遇不可求。

石质要清透

检查石材透明度常用的工具是强光手电筒，用其照射去掉石皮的石体，若光线射入后石材通体透亮，如点亮了一盏灯，就是通透性比较好的石头。如果没有强光手电筒，也可以把石头朝着阳光或灯光的方向看也能大致判断出石材的通透性。

因为巴林石属于黏土类彩石，是多矿物

石鱼·巴林红花冻原石

尺　寸 6厘米×4厘米

酒泉·巴林彩石

尺　寸 45厘米×60厘米
鉴石要点 山高林密，美酒顺着山间的一个泉眼喷涌而出，酒香四溢，引得人们纷至沓来。

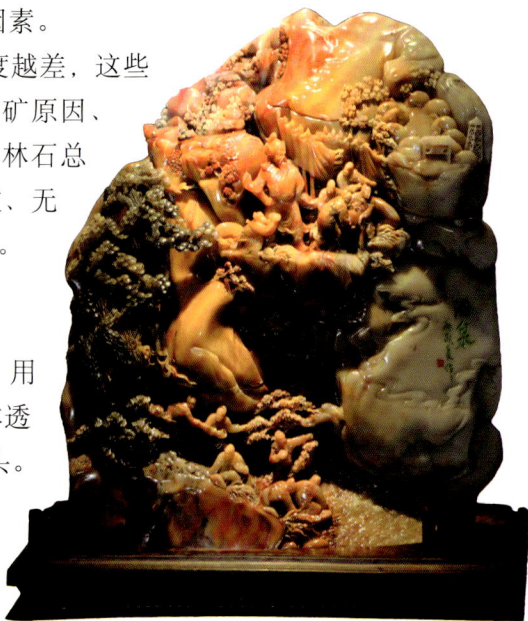

集合体，很难见到类似翡翠的"玻璃种"、"冰种"这样完全透明的品种。因此对其内部杂质和微裂隙的鉴定经常根据其透明度来判断，透明度好的一般净度就高，反之则净度低。但是，对巴林石原材料，特别是大体积的原材料，则非常注重其裂隙发育程度的判断与鉴别。总之，净度与质地有密切关系，但二者又不完全相同。在评估和鉴别时一定要具体问题具体解决，切不可生搬硬套，以免出错。

鸳鸯戏水·巴林画面彩石

尺　寸　25厘米×24厘米
鉴石要点　巴林图案石，造型就如鸳鸯在波光粼粼的河水中自由游弋。

颜色须艳丽

　　巴林石的色彩非常丰富，赤橙黄绿青蓝紫均有，且有单色和多色之分，并以单色为佳。但是，有的多色巴林石也有妙处，如五彩冻、水草冻巴林石雕刻的精美作品，颜色巧妙运用，其价值也不菲。在品评巴林石的时候，业界有"以红黄为贵，蓝绿为绝，五彩为奇"之说。意思是巴林石中的鸡血石和福黄石最贵，蓝绿色较为少见，五彩的更为难得。这种说法其实也并不全面，只要是质地纯净、颜色艳丽的均为佳品，比如接近透明的水晶冻、羊脂冻等，人们对其的喜爱程度也非常高。

凝润度好

　　巴林石虽以明透度、结晶度高、水性好为强烈个性，但凝润度和细密度也是一块好石头必备的品质。透度和润度两者实际上并不矛盾，一块石头既通透晶灿，又珠润玉泽，那将是一种非常完美的境界。但有些巴林石虽清透度不彻底，半透明或略透明，却凝润度很好，显得非常凝练和密实，感觉很坚硬和有力量，这也是好石头。润性好的石头表面珠光亮闪，玉脂凝存，显得分外高雅和名贵，因此凝润度好也是巴林石重要品质的一种体现。有些石头虽然规格色彩都好，却地子发干、漂浮燥动，结构偏松散，有一些不通畅的死结感觉，这些都是质地不够细腻、润泽所致。好的石头一定感觉温凝细润，油光水亮，内含精致韵气，也就是说不能少了润度。

凌风劲节·巴林红花俏色雕石

尺　寸　17厘米×12厘米
鉴石要点　在一根苍老的树干上，一只蝉停留其上。此件雕工精美，纹饰突出，细节生动。

雕工细腻

"玉不琢不成器"，一块巴林石经雕艺大师创作后往往价格翻倍，这也是此类雕刻石的共性。人们欣赏巴林石，除了赏玩巴林石本身的细腻可人之外，还十分重视巴林石的雕刻艺术，好的雕工会为一颗石头增添十分颜色，差的雕工则会浪费一块好石。

未经任何加工的巴林石原石与其他普通石一样，并没有多大的欣赏价值。只有经过打磨后，才能看到它丰富的色彩、亮丽的光泽和如画的图纹。如果再进行雕刻，将石雕艺人创造性的思维和极富技巧的劳作揉进石头中，那么巴林石的身价就会倍增。判断雕工的好坏，首先要看作品是否因材施艺。因受材料、颜色和形状所限制，在巴林石雕创作中特别强调"因材施艺"。优秀的艺人往往能巧妙地根据石料形状俏色，因料取材，充分利用石质、石形、石色、石纹来确定相应的题材与造型，雕刻出造型和色泽相适应的作品。发挥原石自然美质或利用石之病，顺势而为，而不是牵强附会。因此，收藏者在欣赏作品时要将材料、创作者的构思和雕刻技艺结合起来考虑。其次，要看雕刻技法。巴林石雕在寿山石、青田石雕的基础上创新发展，目前已经发展为浮雕、薄意、圆雕、透雕、微雕、镶嵌雕等多技法。一件石雕精品往往综合应用各种传统技法。

金鸡报晓·巴林彩石

尺　寸　10厘米×17厘米

鉴石要点　一只雄鸡傲立枝头，鸡冠挺拔，姿态威猛，翅膀羽毛红润明亮，四周花团锦簇。

证书齐全

巴林石的行业标准——《内蒙古自治区地方标准——巴林石》中规定：对于特级、优级的巴林石及巴林石制品，应附有巴林石鉴定证书（合格证、质量信誉证），证书基本内容包括：证书编号、巴林石类别、等级、质量、硬度、密度。成品要有名称、规格尺寸，并且有彩照。优级、一级、二级巴林石，由企业出具合格证。合格证内容包括：巴林石类别、等级、质量。质量信誉证书由巴林石评审单位出具。因此，在购买的时候，要仔细查看商家出具的证书。

当然，不管是巴林鸡血石还是巴林彩冻石，其投资、鉴赏也会因人而异，所谓"仁者见仁，智者见智"。它涉及观赏者的想象力、学识经历、欣赏习惯、审美情趣以及社会风尚的不同，会存在欣赏的巨大差异，就如西方谚语："一千个人心中有一千个哈姆雷特。"这也有点类似鲁迅点评《红楼梦》：经学家看到易，道学家看到淫，才子看到缠绵，革命家看到排满，流言家看到宫闱秘事……

但不论何种，巴林石的真正价值就是其审美价值和文化价值，投资、欣赏巴林石最大的乐趣也是一个不断发现的过程，从纹理、图案、色彩、质地、雕刻等方面慢慢发现其新奇怪异之处，在此过程中更能给观者带来无比的心灵愉悦和满足。

古币·巴林彩石
尺　寸　16厘米×17厘米

独有特色

巴林石彩石和图案石各以石质多彩和图形神奇为主要特征，不讲材质的明透和凝润。只要规格标准，材质干净，无太明显杂质和瑕疵，加上色彩饱和明快，图案象形或抽象奇妙即是好石头。

巴林冻石和巴林彩石的区别就在于前者有彩也有"冻"，地子透明或半透明，而后者则是有彩无"冻"，一字相差，石头品质整体上看也有相当差异。

举例说巴林冻石中的粉冻、桃花冻因色彩娇艳粉黛，轻佻妩媚，分外招人喜爱，价位已紧随鸡血、福黄排在巴林石的第三位，精品动不动就几十万、上百万。

而巴林彩石中的朱砂、红花质地清透者就被归类于冻石，地不太透或不透实地的则身价大降，两者价值有时会相差10倍左右。还要特别指出的是，有人为了让巴林石变得更清更透，长时间将石头油浸，其中有的石头经油泡后真的变得更清亮灵透了，而且丝毫看不出被油浸过的痕迹，这当然并非不可取。

但是也有相当一部分石头一看就不是自然生成的清透，而明显是被油泡出来的。这往往是石体四边已被整到有一定透度，中间却依然很闷仍无变化，看上去十分难看，要特别警惕这部分人工浸泡太明显的巴林石。

红韵添意素章·巴林牛角冻鸡血石

尺　寸　2厘米×2厘米×7.5厘米

鉴石要点　深沉、凝重的牛角冻地，质性温润，其上大片的鸡血如夕阳余晖般深远和宁静。

童子献宝·巴林彩冻石

尺　　寸　7厘米×7厘米×9厘米

鉴石要点　石质极细腻通透，清澈晶莹，
印章雕琢得饱满圆润，越发显
出材质的特色。

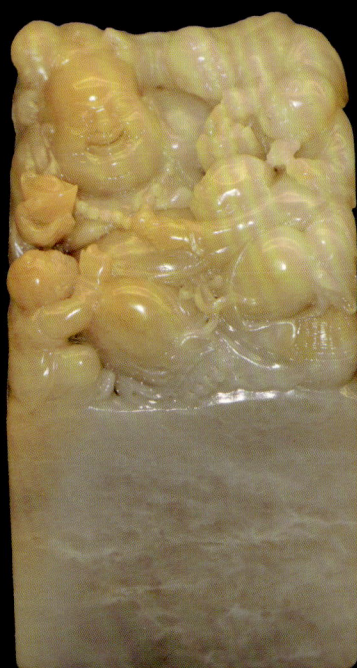

多宝阁·巴林石

尺　　寸　32厘米×34厘米

投资功力加深有诀窍

在当下，巴林石因其巨大的魅力得到的关注度越来越高，收藏巴林石的人也成倍增长。对于初入此行的人来说，可以通过参加培训学习、参加奇石拍卖、展览等方法，快速掌握巴林石的鉴赏技巧。

参加培训学习

在发展巴林石文化产业过程中，赤峰市巴林右旗注重增加产业的文化底蕴，瞄准了巴林石雕刻人才的培育。巴林右旗通过本地雕艺学校培训、外派学习，每年培养巴林石雕艺人才近百人。巴林石雕刻界已获国家宝玉石协会主办的"天工奖"大赛

关公·巴林红花石

尺　寸　15厘米×10厘米

鉴石要点　关公的造型取自《三国演义》，髯长二尺，面如重枣，唇若涂脂，丹凤眼，卧蚕眉，身穿彩袍，独坐大石之上，凝神沉思。

奖项10余项。比如，巴林石集团与赤峰学院合作，开设了巴林石雕刻专业，每年招收学员，着力培养具有深厚文化功底和美学眼光的雕刻人才。

内蒙古赤峰学院围绕地方巴林石文化产业和赤峰市打造"中国印城"需要，与巴林石集团有限公司、巴林石矿业有限公司、科右中旗金宏矿业有限公司联合开办了培养理论基础扎实、实践技能过硬的高层次巴林石雕刻专业人才的本科专业，这也是我国目前在高校设立的第一个雕刻专业。

巴林右旗当地政府也很注重巴林石人才的培养。比如，由内蒙古赤峰市质监局、巴林右旗质监局就承办过"巴林石检验鉴定人员培训班"，在为期4天的短期培训班上，由国内一流专家学者，先后对《巴林石基础知识》、《巴林石地方标准》、《巴林石鉴定标准》、《巴林石检测鉴定程序》、《巴林石常用鉴定方法与赝品识别》等专业课程进行详细解读。授课后对培训人员进行了理论考试和实践考核，由赤峰市质监局向考试考核合格人员颁发了《巴林石检验员证》和《巴林石鉴定人员培训合格证》，作为从事巴林石专业管理和检验鉴定工作的权威资质证明。

除了参加培训外，还可以通过参加正规的拍卖会或者展销会等方式，能观看到实物并与业界交流接触，也会很快提高自己的鉴赏水平。

巴林金橘红鸡血石

尺　寸　3厘米×3厘米×12厘米
鉴石要点　色彩柔和，清雅秀丽。鲜艳的血色点染挥洒，如树枝枝叉，千缠万绕，脉脉相连。

巴林白冻俏色原石

尺　寸　12厘米×16厘米

参加巴林石拍卖

参加拍卖会需要一定的流程，一般可通讨以下方式参与：

1. 先参阅发布在新闻媒体或者拍卖公司网站上的拍卖公告，选择自己感兴趣的标的。

2. 及时在拍卖公告规定的日期内实地看样（根据惯例拍卖标的均以展出时实样为准），详细了解该标的的一切情况，如质量状况、新旧程度、使用年限。

3. 按照拍卖公告宣布的日期、地点，提前进入拍卖现场，办理竞买登记手续，并向拍卖公司提交个人身份证明（竞买人如系法人企业应提交法人营业执照，法人代表身份证或法人代表授权书，竞买人为有限公司法人企业的在参拍房地产及固定资产类等标的时，必须提交公司股东会或董事会决议），交纳参加竞拍保证金，领取竞拍号牌，在拍卖会前仔细阅读拍卖公司对该次拍卖会所作的具体规定及须知，遇有疑虑可当场向拍卖公司询问了解，以免因理解有误引起纠纷，导致承担责任而造成不必要的损失。

4. 拍卖会开始后，竞买人应集中精力，把握机会，参加竞买，应价、加价时保持头脑清晰，牢记自己的心理价位，举牌果断。

5. 一旦竞买成功，当场与拍卖公司签署成交确认书，确立自己的买受人资格。

6. 按照拍卖会规定的期限，交清拍卖成交价款及佣金。

7. 买受人凭已结算完毕的拍卖成交确认书，向拍卖公司提取成交标的。

孙悟空三借芭蕉扇·巴林黄冻石

尺　　寸　12厘米×18厘米

鉴石要点　悟空上颌突出，猴劲十足，手执芭蕉扇，却被熊熊大火包围。作品巧妙地利用了石材的各种颜色，构思新奇。

190

狮子绣球·巴林松花彩冻石

尺　　寸 20厘米×15厘米

鉴石要点 狮子的形象在民间应用也很
广，有右前足踏绣球的雄狮
子，左前足踏小狮子的雌狮
子，还有雌雄狮子相戏绣球，
叫"双狮滚绣球"。

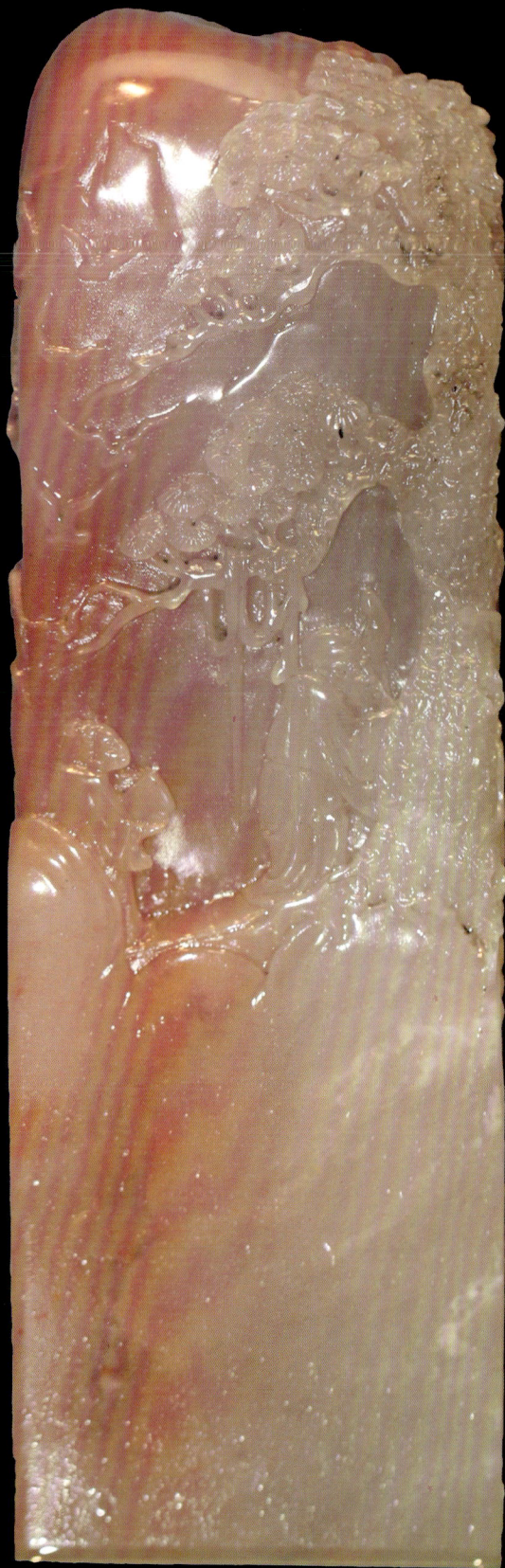

名仕·巴林彩冻石

尺　　寸　5厘米×5厘米×10厘米

鉴石要点　石质通透如玉，采用薄意雕刻松
　　　　　下高士图，整体造型婉约流畅。

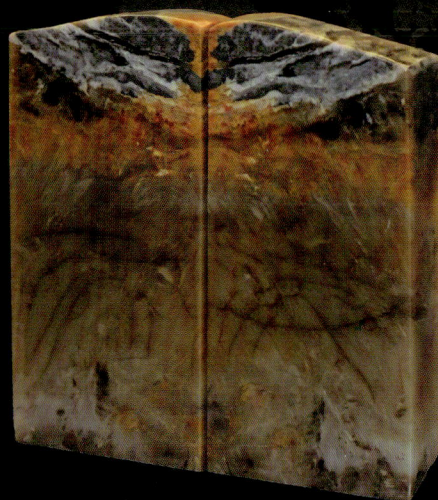

比翼双飞·巴林图案石

尺　　寸　15厘米×18厘米

鉴石要点　巴林图案石，图案的形状像一
　　　　　对同命鸟，比翼齐飞在人间。

冰冻·巴林玛瑙冻石

尺　寸 8厘米×10厘米

鉴石要点 是一种颜色艳丽的花冻石，半透明，在温润的地子上有黄、红、黑、灰等各色条纹弯曲其间，形如玛瑙。

八骏图·巴林黄冻石

尺　寸 15厘米×25厘米

鉴石要点 骏马身姿矫健，疾奔如飞，寓意事业、功名、学业、财运飞黄腾达。

淘宝必知的巴林石市场

巴林石虽然主要的产地在内蒙古赤峰市的巴林右旗，但是随着近年来价格的快速上涨以及巴林石的爱好者越来越多，目前已经形成了巴林右旗、呼和浩特、赤峰、福建等多个规模较大的巴林石市场。

巴林右旗巴林石市场

巴林右旗是巴林石的主产地，巴林石的兴盛也拉动了巴林右旗的经济发展，目前这里已经形成了一条采掘—雕刻—销售的完整的巴林石产业链。

巴林石自从1973年恢复开采后，就一直是国营的巴林石矿山，后改名为巴林右旗工艺美术公司，但开采权始终未变，之后实行了股份制改制变为巴林石集团，其仍是独家经营巴林石，原石的采矿权从来没有转移到别的地方。

早些年，巴林原石的产量比较高，每年几百吨上千吨都不足为奇，但由于知名度较低，价钱并不高，远远低于寿山石。但最近十多年来，随着中国经济的快速发展以及资源日益紧俏、知名度和收藏热的兴起，巴林石的价值逐步凸显，价格跟着一路水涨船高。巴林石集团为了保护资源也开始采区限产和惜采的措施，这几年每年产量不过十几吨，最多为几十吨。据说按照这种采掘量巴林石还可以开采50～100年。现产出冻石最多，鸡血及福黄石数量很少。每年5月至10月为巴林石特尼格尔图矿山的生产期，过了这个时间矿山就会主动停工，进入休整期。为了打击盗采，矿山上建立了严密的保卫措施，监控探头全

寿星·巴林红花石

尺　寸　15厘米×20厘米

鉴石要点　寿星手拄拐杖，高额丰颊，面目慈祥和蔼。此作品刀法细腻，布局得体，层次分明。

网覆盖，采矿工人进出都要进行全方位的安检。

现在采矿点已建设了国家级的巴林石矿山公园，有古采坑遗址、原采矿矿洞现场，以及群山、草原风景区供人参观游览，当地的旅行社已经把巴林石游作为一个重要的旅游项目作为推荐。

每年七八月份，巴林右旗政府都会举办"中国巴林石节"，遍邀世界各地的巴林石爱好者赏石、鉴石，到2014年已经举办了15届。在巴林石节召开期间，巴林石集团还会举办多期"巴林原石竞价销售"。

竞买地点在距巴林右旗大板巴林石集团所在地约50千米的巴林石矿山办公区。参加竞买者要事先登记，并交纳10万或以上的保证金，如竞买到的石头又不要了，保证金不退。竞买者可以提前几天先到现场观看售品，做出评估和分析。竞买举行时每位参与者都会领到一张竞价单，上面写着被拍石头的品种、重量和底价，竞买人按自己的意愿填上买价。然后交上竞买单，马上就会宣读所有人给出的价格，价高者"中标"，这实际上是一种"暗标"的拍卖形式。

巴林原石拍卖有时也会暂时出现"面粉比面包贵"的现象，也就是说拍卖的原石比市场流通的同类成品石还贵，这是因为石头历来有高进高出，低进低出的流通习惯。原来的原石比较便宜，所加工的成品价格就不会太高。

现在原石价格攀升了，市场的相应调整尚需一个觉悟的周期。而事实上原石拍卖价格从来就是市场的风向标，原石价涨紧随着必是市场新一轮跟涨。

巴林右旗除了是原石起始集散流通地外，也是巴林成品石最主要的交易市场。全国各地的石头商家都要跑到产地"进货"，各路石头藏家和爱好者也都非常愿意到产地"捡漏"碰碰运气。即使是普通旅者也愿意慕名而来，浏览参观一番，开阔眼界，增长见识。过去，巴林右旗的石头经销商都集中在巴林石集团办公的巴林石街道——查干沐沦街两侧，有上百家之多，这条街上还建有老的巴林奇石馆。

此外"巴林石城"市场内外也常年聚集着不少固定的巴林石露天档和地摊。

目前，随着当地政府的规划，在巴林右旗旗政府广场附近，一座新的巴林石文化产业园正在投入使用，过去的巴林奇石馆也搬到了这里的巴林石

巴林彩冻石素章
尺　寸　4厘米×4厘米×7.5厘米

巴林鸡血原石
尺　寸　12厘米×15厘米

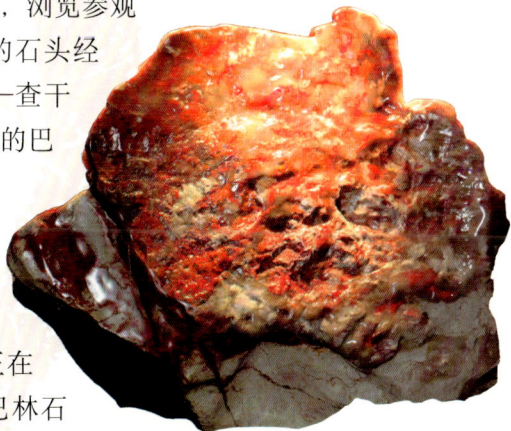

巴林石文化创意产业园

巴林石文化创意产业园是巴林右旗政府
为打造"国石之都"而规划的集巴林
石加工、巴林石文化产业化、巴林石
展览为一体的综合园区。

巴林右旗巴林石博物馆远景

博物馆。巴林石文化产业园区位于大板镇西北部、旗政府广场西侧，总占地面积21.07万平方米，建筑面积约16万平方米，总投资额 2.3亿元。东起政府广场，南至索博日嘎街，南北平均长约600米，东西平均宽约350米。其中，巴林石博物馆占地面积2.29万平方米。巴林石商务区及住宅区占地面积8.74万平方米，综合服务区占地面积8.49万平方米。

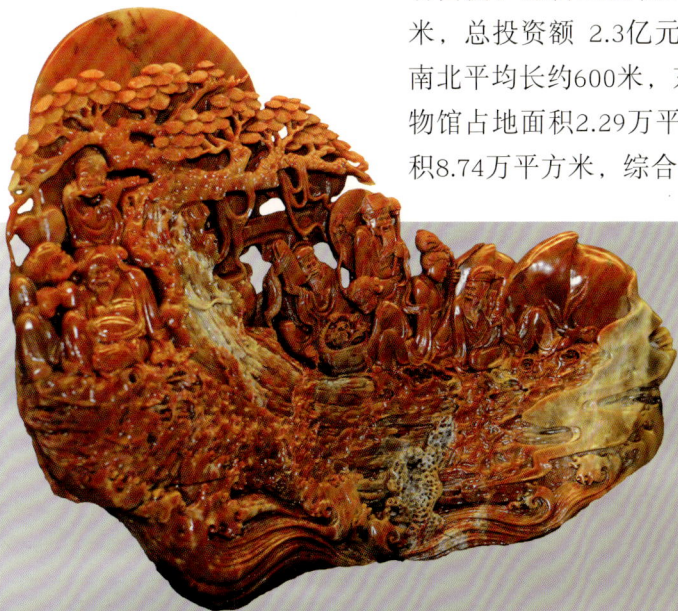

八仙过海·巴林红花石
尺　寸 30厘米×27厘米

巴林石文化产业园区建设项目是以巴林石产业为核心，以巴林石展示销售为主，以巴林石产业提供综合服务为辅助，集弘扬地方特色历史文化和巴林石展览、加工、销售、雕刻、培训、办公、文化传播、商务住宅以及旅游景点为一体的综合性建筑群，其终极目标是发展成为北方最具规模的宝玉石展销中心。

除了受到全国巴林石市场行情的影响外，巴林石旗巴林石的价格主要是由当地商户以及巴林石集团在主导，当地很多商户都从事了十多年的巴林石买卖，这些人见证了巴林石由低迷到高潮的全过程，同时手中也囤积了不少巴林石精品。现在，这些石商主要集中在老的巴林石市场以及巴林石文化产业园区，他们有的是独立开店，有的是三五家合租一家店铺，在店铺里各自占据一节柜台，有客商来时就拿出各自的精品推销，没有客户光临时因为有了原始积累则与周围的商户打麻将、喝酒，日子过得是相当惬意。

赤峰巴林石市场

可能因为也是产地的缘故，赤峰市是国内拥戴和支持巴林石最早的城市，可以说中国最初始的一批巴林石藏家就出现在赤峰。赤峰主要的巴林石专业市场有赤峰古玩城、赤峰玉龙巴林石古玩城、赤峰市巴林石市场、赤峰银艺巴林石彩石城等。这些市场清一色只经营巴林石，品种齐全，数量繁多。加上交通便利，往来旅客流量大，巴林石流通与交易量居国内之首。

近年来，赤峰市进一步加大了巴林石文化建设力度，在2009年就建立了玉龙文化园，该文化园占地3万平方米，划分为玉龙古玩城、玉龙巴林石城、玉龙书画城三个文化区域。主要以展示红山文化和巴林石文化为主。

巴林右旗巴林石城

巴林石城是巴林石最老的交易市场，也是当地目前最集中的巴林石交易地。当地人称这里为巴林石一条街，沿街全是巴林石门店，除了经营巴林石外，也出售其他工艺品。

巴林右旗巴林石市场鸟瞰

巴林右旗巴林石市场一景

呼和浩特巴林石市场

呼和浩特市是内蒙古的首府，经济和文化都比较发达，内蒙古蕴藏的赏石品种达166种之多，目前已开发的戈壁石、巴林石等品种享誉海内外，从事赏石研究和收藏的人越来越多，而且呼和浩特市依托便利的交通和首府的优势，逐渐成为内蒙古奇石的一个新的集散地，继而促进了首府奇石市场的快速发展。

早在十几年前，呼和浩特就有了位于当时鼓楼附近的内蒙古美术馆一楼的专业巴林石市场，后来类似的市场越开越多，这也说明了巴林石在当地的蓬勃兴起。目前，呼和浩特巴林石专营店在规模和藏品数量上仅次于巴林右旗和赤峰市。在呼和浩特，巴林石店铺比较多的有位于回民区工人文化宫附近的宇宁古玩城，位于旧城的大漠古玩城、久久街古玩市场、五塔寺聚珍古玩城等，总数约几十家。经营巴林石的店主大多来自巴林右旗产地老家，有些早已在巴林石行业内"成名成家"，业绩非常突出，手里的好石头很多。

呼和浩特的巴林石市场石头藏量大，品种丰富，精品鸡血、福黄和冻石每个店家都可以拿出不少。由于置身内蒙古最重要的经济中心和最高层面的文化市场，自然有许多很有鉴赏力和经济实力的买家，因此巴林石的流通量很大，石头品质要求也比较高，可以说精品巴林石需求量大是当地市场最突出特点。内蒙古一些较为高端的大型会议和活动，以及一些强势品牌企业的高端礼品都会选择巴林石。

福建巴林石市场

除了内蒙古本地外，与巴林石的原产地相隔几千里的福建省也是巴林石的一个很重要的市场。在福建省，除了福州市的巴林石

放于封蜡的巴林原石

市场比较集中外，厦门、福田等地也有不少比较有规模的巴林石市场。这是因为巴林石最早被发掘后，并不被藏石界认可，价格远远不如和其外表非常相似的寿山石。

在利益的推动下，一些人打起了将巴林石假冒寿山石的主意。据说是莆田人最早开始介入巴林石，最初就是用巴林石冒充寿山石。发展至今，巴林石与寿山石已经密不可分，渊源至深，就是到现在巴林原石仍主要在福建雕刻与加工，巴林石与寿山石创作同题材、同工艺、同一批雕刻师的"三同"局面依然未改变。因此福建历来是巴林石的雕刻创作与加工最大的基地，实实在在的大本营。近年来，福建开办石雕厂，大量采用巴林石为材料，为推广巴林石做出了极大的贡献。巴林石集团的高层，全国各地资深巴林石藏家和商家，特别是巴林右旗、赤峰、呼和浩特的巴林石"大佬"们，每年都要跑到福州不知多少回，在福州见到巴林石同行的机会可能比在原地都多。但在福州基本没有以巴林石命名的石头市场，冠以巴林石专营的店铺也只寥寥可数几家。巴林石在当地一是以雕刻师提供成品的方式流动交易；二是福州全部寿山石市场中的绝大多数寿山石店同时也在经营巴林石。

投资升值有技巧

现代艺术品收藏活动的本质就是以艺术品为媒介的一种投资理财活动，这种投资最核心的问题是如何识别真假和价值评估。同时，艺术品收藏也是一种以知识密集型和资金密集型为特征的活动。当代巴林石艺术品收藏品具有资源性、稀少性和艺术性。与其他艺术品比较，资源稀缺性和创作材质价值是巴林石有别于其他当代艺术品的主要特点，这也决定了巴林石的投资风险的可控性。影响巴林石收藏价格的因素有很多，如鉴赏水平、主观意识、客观环境、市场规律和供求变化等，都直接或间接地影响着巴林石收藏价格的跌起。但从整个巴林石的市场发展脉络来看，影响巴林石价格的因素主要有以下几种。

蓬莱仙境·巴林黄冻石

尺　寸　17厘米×21厘米

鉴石要点　以整块黄冻石雕琢，质地细腻光润，色泽纯净。取势险峻，山石陡峭嶙峋，山间有小径通入岩石深处，别出心裁的通幽之笔，更显意境。

分档投资

"物以类聚，人以群分"，在众多的巴林石投资收藏大军中，主要可以分为以下几种类型：欣赏型收藏者、投资型收藏者、科教型收藏者和综合型收藏者。其中欣赏型收藏者大多是风云人物。他们的收藏品位高，品质好，多为珍奇稀有的精品、珍品、绝品。这部分收藏者给巴林石市场注入了活力。

近年来，随着收藏的队伍越来越大，巴林石的买卖价格也跟着一路上涨。科教型收藏者所收藏的巴林石多为小料，以奇为主，中、低档巴林石产品是他们收藏的基点。综合型收藏者多为经营巴林石的客商。他们以石养石，巴林石许多精品都在他们的收藏之中，这一群体也是巴林石收藏者中最为庞大的。

全民收藏热

巴林石价格的飙涨缘于全民收藏热的兴起，所谓"盛世兴收藏"，中国经济在过去的10多年来高速发展，目前GDP总量已经排名世界第二。经济的发展让更多的人有了大量的资金去投资，但由于最近几年股市的低迷和房地产的调控，收藏成为很多人的一个投资渠道。

近年来，我国文物艺术品市场空前繁荣，人们开始大规模地涉足文物艺术品收藏和投资领域，甚至出现"井喷"现象。

有统计数字显示，全国收藏爱好者队伍超亿人。收藏现已成为中国人继储蓄、股市、房地产之后的第四大投资方式。十几年前几千块买的收藏品，如今却能翻涨数十倍，甚至数百倍。由中国拍卖行业协会联合相关部委共同发布的《2012中国文物艺术品拍卖市场统计年报》显示，2012年全国共举办788场文物艺术品拍卖会，上拍563915件（套）拍品，成交额高达288.52亿元。

富人争相购买拍卖行的高价艺术品，普通老百姓对艺术品收藏的热情也空前高涨。以"鉴宝"、"寻宝"为主要内容的收藏类电视节目层出不穷且收视本不断攀升，各类艺术品收藏广告频繁见诸报端，街头古玩店、珠宝店的生意也异常火爆。

雷震子·巴林彩石
尺　寸　10厘米×16厘米
鉴石要点　神话小说《封神演义》中的角色，面如青靛，发似朱砂，眼睛暴绽，牙齿横生，背上有风雷双翅，勇猛无比，为武王伐纣立下赫赫战功。

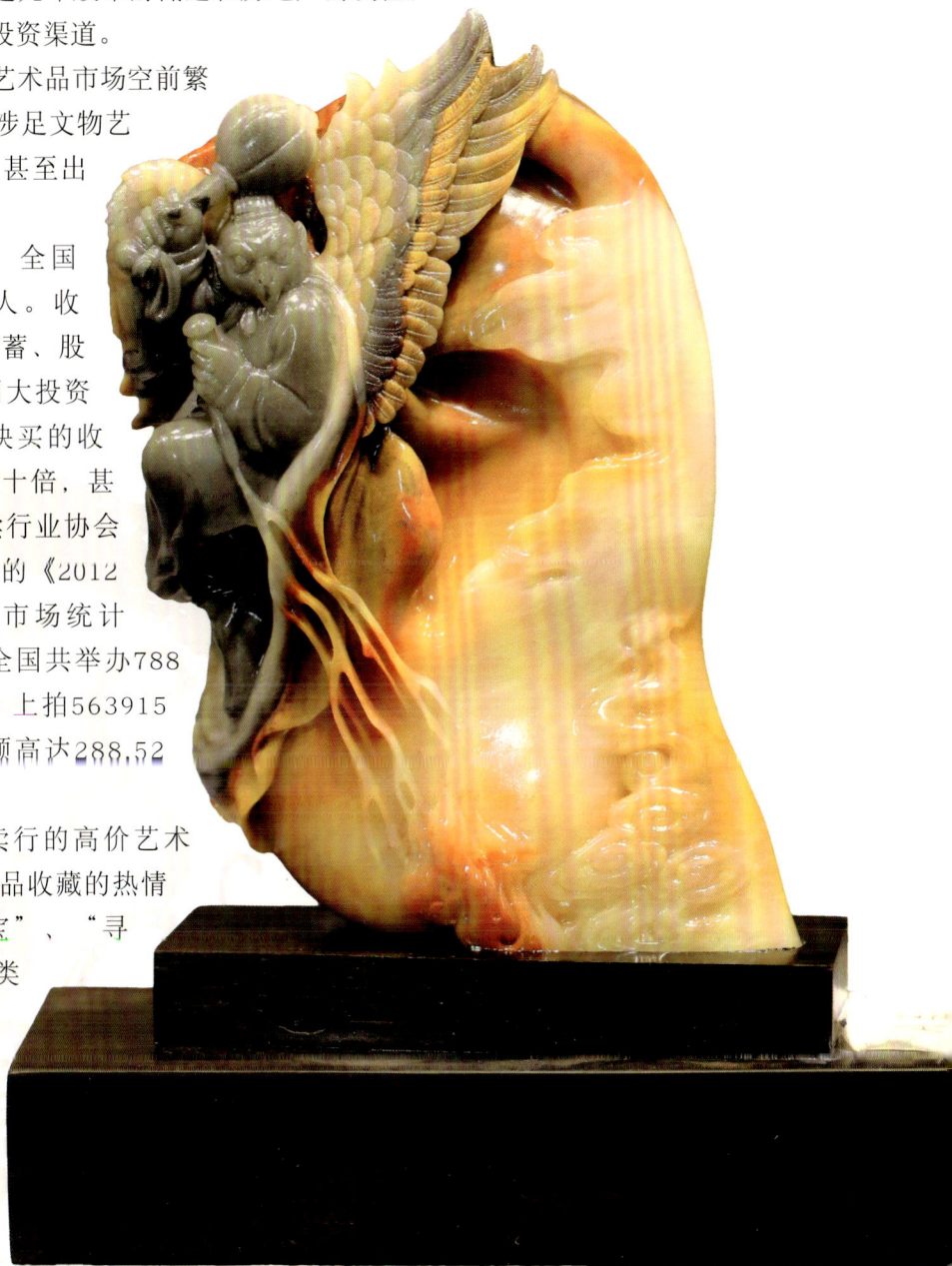

资源稀缺性

巴林石虽然开采时间和被藏石界认可的时间比较短暂，但根据现有的探测技术发现，巴林石的矿储量并没有寿山、青田、田黄等名石大。由于巴林石的储量较小，开采难度越来越大，好的石头也更难被发现。

为了保护和涵养生态，巴林石集团公司采取了限量开采和公开竞价销售等举措。限量开采，难以满足国内外的需求，公开竞价出售又使大部分财力弱的经销商可望不可及，这也直接推动了市场价格往高处攀升。

品牌效应

近年来，从赤峰市到巴林右旗政府都非常重视培育巴林石这一品牌，无论是宣传还是投资都下了很大的工夫。

比如，举办巴林石节，邀请国内外知名人士，搞大型庆典活动；建立巴林石协会吸收国内外会员；编辑发行《巴林石会刊》，建立巴林石网站及时传递生产、营销、收藏等信息；每年都编辑出版发行大型巴林石图书1～2套；每年都搞有全国轰动性活动3～5次，如全国"巴林石"书画篆刻展、工艺雕刻展、各大名石邀请展以及参加全国性各大石展；积极参与全国性的社会公益活动，如捐资助学、球赛、编排电影、选送节目进入中央电视台等；打造北京奥运产品，推荐并选送国礼等；注册"巴林石"国家商标和"国石候选石"品牌等。

赤峰市以及巴林右旗当地还依托地方资源优势，以充分挖掘本地资源的担保质押功能为切入点，组织辖内银行业机构推出了"巴林石质押贷款业务"，专门组建巴林石评估委员会对巴林石进行初步估价，出台巴林石质押贷款管理办法、巴林石评估办法、巴林石质押贷款操作流程，实现了从贷款申请受理到贷款发放的全流程规范管理。这些举措不仅打造了巴林石的品牌、知名度、地位、信誉和效益，又加快了巴林石生产营销、鉴赏收藏市场的进程，带动巴林石价格的上涨。

节节高方章·巴林红花冻石

尺　寸　6厘米×6厘米×20厘米

鉴石要点　竹为高洁君子之象征，被称为"岁寒三友"、"四君子"之一，此件作品的竹节疏朗有别，体现竹之先后生发。

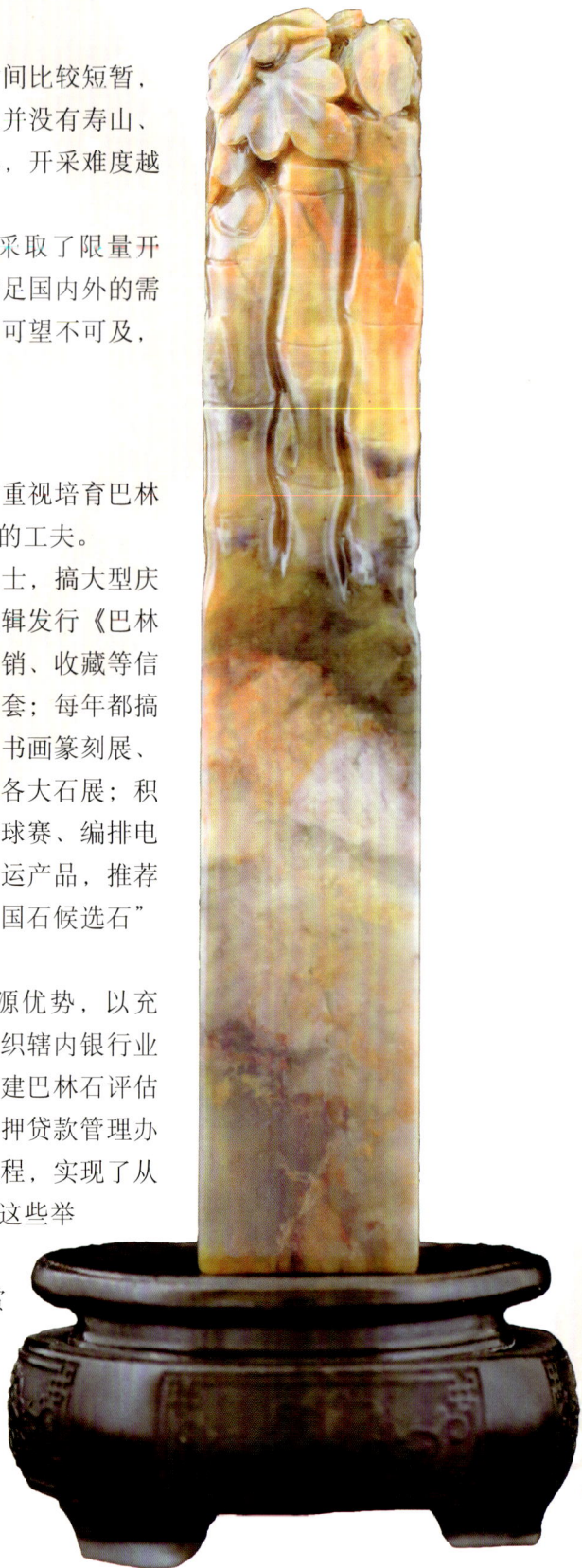

山子摆件·巴林紫云石

尺　寸　120厘米×100厘米

鉴石要点　山高林密，曲径通幽。制者顺应石材的质地、棱角琢成起伏的山石，犹如绘画之皴擦；又利用石材的皮色，琢成松林、岩壁，犹如绘画之设色，匠心独具。

喜从天降·巴林彩石

尺　寸 14厘米×19厘米
鉴石要点 喜从天降的意思是喜事从天上掉下来，喜蛛体细长，色暗褐，足甚长，常于草际或树间张网如车轮状，俗名喜子。

一枝梅壶·巴林红花石

尺　　寸　8厘米×12厘米

鉴石要点　壶形线条圆润流畅，毫无滞涩之感，其中意蕴无穷，做工精美绝伦。

坐莲观音壶·巴林白冻俏色石

尺　　寸　12厘米×15厘米

鉴石要点　壶身雕莲叶，壶嘴雕龙头，壶盖雕观音，雕工精细，构思巧妙。

知了壶·巴林黄冻石

尺　　寸　8厘米×11厘米

把脉市场走势

2000年以来，巴林石价格一路飚升，近期已经到了让收藏家和赏石爱好者感到疑惑的程度。有人说，一方鸡血石印章价格几万元甚至十几万元，这个价格高到顶了。有的说，这样大幅度涨价不正常，怀疑有人炒作。另外，到底是应该买普品稳中求利，还是买精品涉险增值？一些人心有疑虑，拿不定主意。

享誉海内外

20世纪70年代初，巴林石刚面世的时候无人问津，卖者不分青红皂白，把鸡血石、冻石、彩石混合出售，每吨300元还找不到买主。直到80年代的广交会上，一方16厘米见方的鸡血石，被一外地客商以5万元"天价"买走，一石激起千层浪，巴林石逐渐被业内看好。由于巴林石品貌俱佳，质地优良，很快跻身中国四大印材之列，并被评为国石候选石。特别是在2001年上海APEC会上，巴林石印章作为国礼馈赠21个国家和地区的政府领导人，从此，巴林石享誉海内外。

市价高涨

据调查，从1996年至2006年的10年间，上品鸡血石的价格涨了100倍。例如一块1600克的鸡血王，1996年初售价为

封锁绿色挂坠·巴林水草冻石

尺　寸　8厘米×10厘米
鉴石要点　石内水草根根可见，一簇一簇
　　　　　相互叠加。

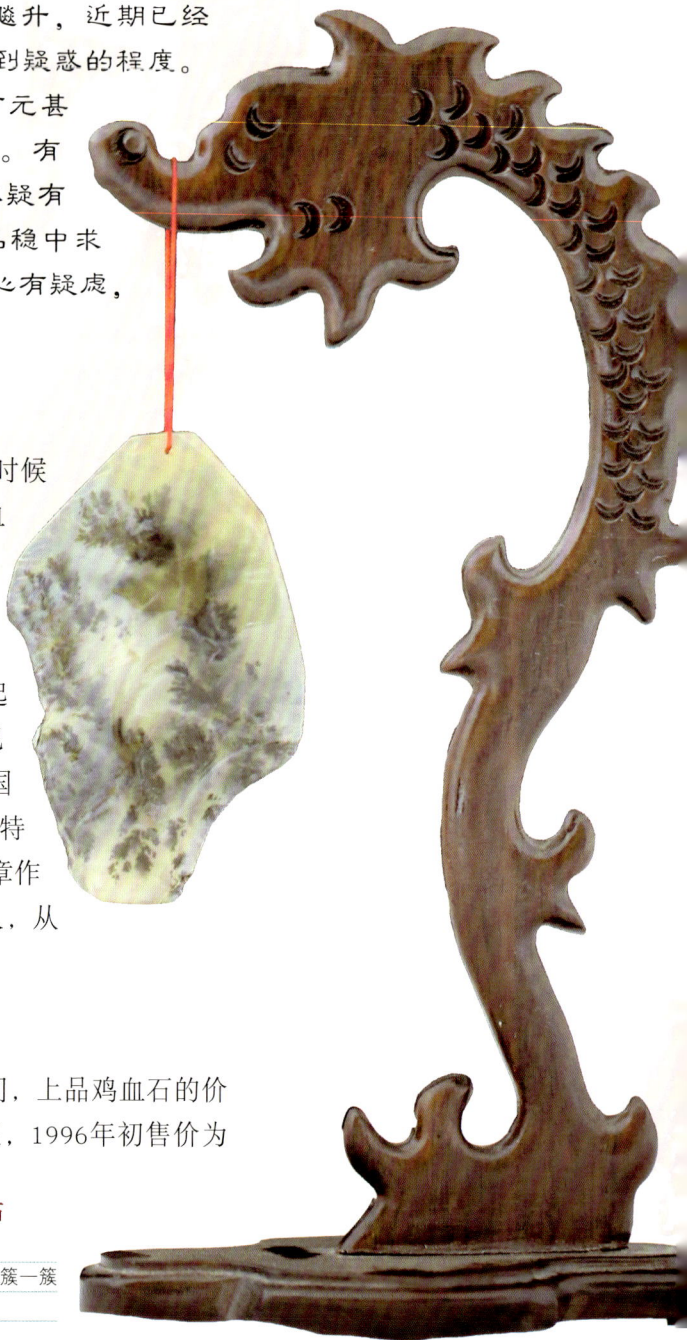

6000元，1997年第二次转售价为1.3万元，1999年第三次售价为4万元，2001年第四次售价为10万元，2005年末有人出60万元求购未果。石主说，2007年最低出售价为90万元。目前，上品鸡血石每斤售价已高达60万元，而这种涨势短期内不会减弱。究其原因，其一是资源有限，因为巴林石面世很晚，起步价过低。另外，昌化同类鸡血石价格一直都比巴林鸡血石价格高出5～10倍；而这一价格与国际市场上每两上品鸡血石价15万美元的价格相差甚远。

据抽样调查，上品鸡血石从2000年至2005年价格上涨了36倍；而精品冻石也增值了10倍到50倍。另外根据内蒙古巴林右旗宣传部提供的信息显示，巴林石在当地已形成产业格局，目前加工、经销企业152家，从业人员6000多人，产品已销往美国、新加坡、日本、韩国等30多个国家和国内上百个大中城市，年销售流通量50多亿元人民币。

从2010年开始，全国大的拍卖行，比如嘉德、保利、匡时等的春拍、秋拍上均有印石专场拍卖，拍卖的主要标的就是寿山石、昌化石、巴林石、青田石这四大著名印石。比如，2012年，嘉德的春拍上，一块高12.5厘米、重602.1克的巴林鸡血石摆件拍出了25.3万的价格，平均每克达420元。在2013年保利的秋季拍卖会上，由福建雕刻名家欧彦恩雕刻的巴林石古兽钮套章（三件）拍出了17.25万的价格。在2014年的嘉德秋拍上，一对巴林芙蓉冻鸡血石对章拍出7.82万元的价格。

以巴代寿

目前巴林石价格涨到了有史以来的最高峰。然而，上品巴林石鸡血石与上品昌化鸡血石相比，价格还差5～10倍；优等的巴林石与寿山石品质相近，价格也相差很多，所以才出现"以巴代寿"的现象。有业内人士认为，巴林石价大幅攀升的势头在相当长时期内还会持续下去。

出海捕鱼·巴林彩冻石
尺　寸　18厘米×18厘米
鉴石要点　作者依石就势，雕刻出渔翁憨态可掬的形象，人物动势十足，呼之欲出。

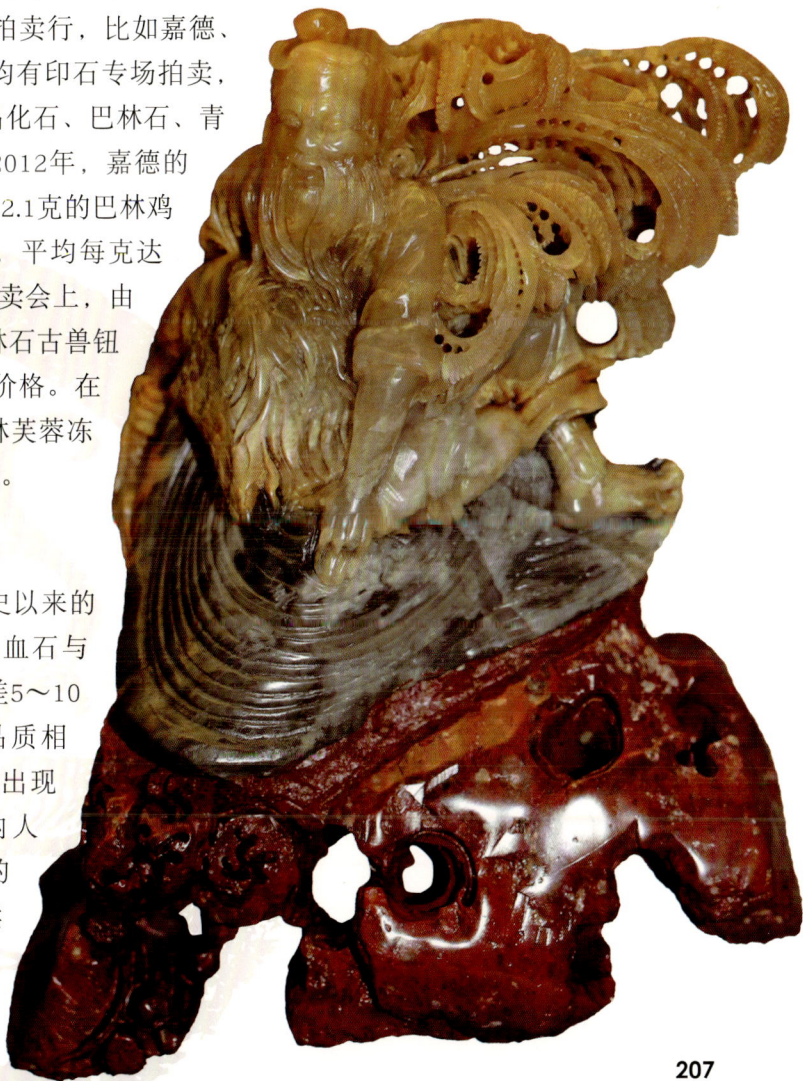

盘占神峰·巴林图案石

尺　　寸　35厘米×30厘米

鉴石要点　构图奇特，就如盘占时代的一
座山峰一样，意境深远。

石雕·巴林红花彩石

尺　　寸　100厘米×85厘米

鉴石要点　赤峰诗人黄凌云题诗。

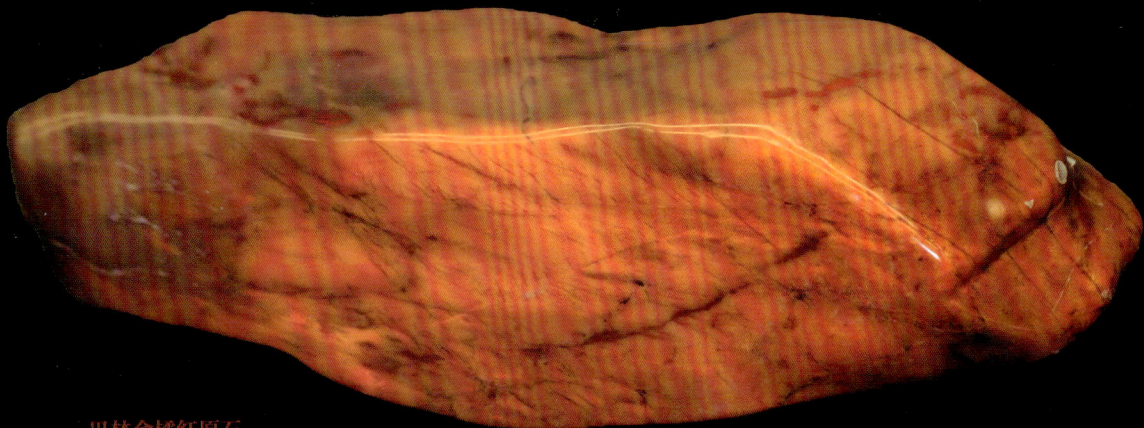

巴林金橘红原石

尺　　寸　16厘米×50厘米

鉴石要点　色感如鲜橘，有着大自然的生机勃勃，给人硕果累累的丰
收喜悦。

手把件·巴林黄冻带草花石

尺　寸　6厘米×5厘米

鉴石要点　质地油润细腻，黄色的地子上布满星星点点的黑色，极具美感。

把酒问青天·巴林紫云石

尺　寸　00厘米×100厘米

鉴石要点　明月几时有，把酒问青天。作品充分利用石块的颜色，将圆雕、浮雕、线刻等多种技法结合，整块山子气势非凡。

保养有法可升值

一块巴林石得来不易，无论搬运或陈列都要特别仔细，一旦损坏将追悔莫及。巴林石保养也需讲科学，不同的石种需要不同的方法。例如，巴林彩石性脆，搬动时要特别小心，不能有任何磕碰。不同于一般的观赏石，巴林石由于成矿原因奇特，内部矿物成分以及加工工艺复杂，对保养有一些特殊的要求。这是巴林石收藏的一个重要环节，必须予以引起足够的重视，否则，一块极有价值的巴林石会因保养不善而不值一文，给收藏者带来不必要损失。

水养上油保养有技巧

巴林石养护，正确的方法是给石头上油、上蜡。上蜡既能使纹理图案清晰，又能使石头更加温润，强化石头的天然之美。巴林石大都比较名贵，保养更为重要，例如一些鸡血石不能直接暴露在阳光下，以免走色，失去温润度。

室内养石方法不少，适宜于水盘的石种一般可以用水养的方式。一两天浇水一次，使它经常保持温润而有生气。不宜一直喷水的巴林石应经常用干布擦拭，使其保持整洁。

除了水养，还有一种用油养的。为了增加巴林石作品的光泽，人们常常在巴林石表面涂一些油。这里需要强调的是要注意保养油的选择，不能用猪油、牛油等动物油，也不能用发乳、护发

貔貅钮章·巴林红花冻石

尺　寸　5厘米×5厘米×8厘米

鉴石要点　貔貅是一种古代传说中的神兽，相传其能吞万物而不泄，故有纳食四方之财的寓意，也有赶走邪气、带来好运的寓意。

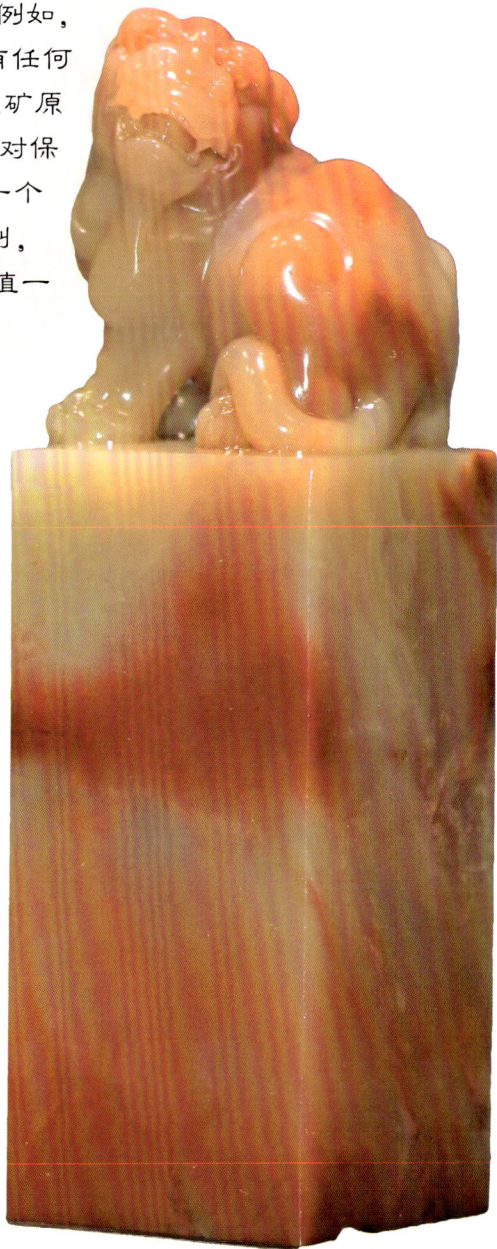

油等挥发性化学品。

这些油不但不能起到保护作用，相反还会对石质有所破坏。保养石质最好的油脂是南方的茶油，经过沉淀，取上面无色透明的部分；其次是花生、芝麻等植物油。已上蜡的巴林石最好不要再抹油。白色巴林石一般不要抹油，因为抹油后容易导致石色泛黄变暗。

还有的个别巴林石品种褪色与石料的性质有关。高岭石矿物结构疏松，孔隙较大，易于混入杂质，形成各种色彩的石料，在光照和空气介质中易于流失或氧化，使深色石料变浅变淡。

特别是鸡血石中的"血"是汞的硫化物辰砂，在表生条件下，受温度变化、光照等影响，在水、二氧化碳等参与下，易于氧化，形成汞的氧化带矿物——橙红石，使其鲜艳的红色、粉色变成暗红、橙红、褐红乃至褐色，造成"跑血"现象，影响其观赏价值和工艺价值。

"跑血"特别严重的，可用砂纸重新打磨，直到露出好血为止。一般情况下"跑血"都较轻微，只要把鸡血石放到豆油或花生油中浸泡一段时间，血色就会重新变红，而且地子还会更加透润。

巴林鸡血石的这种特异变化，深受广大藏石者的喜爱，称巴林鸡血为"活血"。巴林石加工成雕件、印章或自然形后，应放到锦盒内，在温度不高、空气湿润处妥为保管。

如摆放在橱里陈列，可在橱里放上几杯水，以确保空气湿润。平时可多用手反复摆弄，不仅可以尽情地欣赏，而且手的汗油可以为石头增加水分，久而久之，石头就会变得古色古香。

巴林石及巴林石制品要进行定期的清洁擦拭保养、把玩式保养和表面护理，进行抗紫外线照射、抗氧化的有效处理。

大肚能容·巴林牛角石
尺　寸 9厘米×13厘米
鉴石要点 石质细腻温润，通体朱红，弥勒佛背着一顽童，袒胸露肚，笑容可掬。

包装存放有方法

特级巴林石采用木箱包装，箱内空隙必须用富有弹性的柔软填料塞紧。木箱不得用等外材，箱板厚度不得小于20毫米。每箱应在两端加设腰箍，横档上加设铁包角。成品巴林石采用锦盒、精制木盒或仿精制木盒包装。锦盒采用木板或硬纸板、彩锦、绒布和泡沫塑料等材料按要求制作；精制木盒或仿精制木盒采用特质木板或代替材料（硬塑板等）精制而成，内衬泡沫塑料、绒布或彩棉等软质定型装裱材料。

多宝阁·巴林石

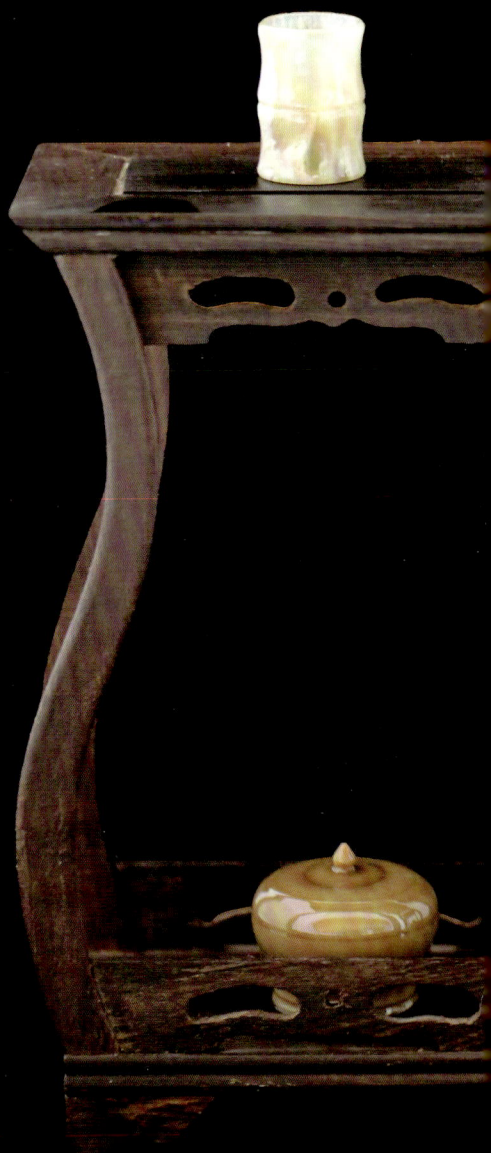

巴林女儿红鸡血冻吊坠

尺　　寸　80厘米×9厘米

鉴石要点　冰爽冻透的石地上弥漫着胭脂
　　　　　绯红，让人联想到少女的唇
　　　　　彩，闪光晶泽，通透亮彩。

优级、一级、二级巴林石，采用麻袋或塑料编织袋包装，麻袋应符合GB731的要求，塑料编织袋应符合GB8946的要求。编织袋包装的产品每袋重不大于50kg，特殊大块要进行特殊包装。

搬运时应轻装轻放，严禁摔滚。木箱包装的产品，用起重设备装卸时，每次吊装以一箱为宜。包装后的产品，码放高度不超过2米。

室内贮存有讲究

巴林石应在室内贮存，也可在室外贮存，在室外贮存必须遮光或埋藏。贮存巴林石的库房应严格控制库房中的温度和湿度，温度控制在20℃以下。湿度控制在20%以上，但不能浸泡在水中。室内长期贮存的石料，应将石料表面进行封闭保护处理，使其与空气隔绝。

巴林石在挖掘、输送的过程中，石肌石肤很容易发生损失。对于较为明显的损伤，可以先用金刚石打磨、修整，之后将石头放置在露天的石架上。石架的材质需要注意不要采用塑料或者钢铁制品，以水泥浇筑成的最好，这是因为钢铁容易生锈，塑料容易变质，而这些反过来也会影响石头的外形和内质。

摆放收藏有技巧

原石在石架上经受日晒雨淋，养护者要按时浇水，时间一长，石头外表会自然风化、变色，直到整块奇石在质感、色感方面完全达到一致，再迁入室内观赏。

除了有伤的巴林石，其他巴林石刚采集来，也应先在室外放置一段时间，但是切忌暴晒。同时，为使风化度均匀，一个月左右应将奇石翻一次面。

巴林石需要陈列出来，才能让人观赏、品味。巴林石摆放

桃园三结义·巴林彩冻石

尺　寸　20厘米×25厘米

鉴石要点　刘关张桃园结义，兄弟情深。作品充分利用了石材的颜色变化，红脸关公、黑脸张飞，刻画生动细致。

需要配座，配上好座能提高美石的观赏价值。目前巴林石配座有木质的，有石质的，还有根雕的。巴林石陈列也有讲究，一般认为奇石陈列需要古香古色的环境，而矿物晶体可以采用现代时尚的搭配，当然这需要凭收藏者对巴林石的理解来搭配。

羲之爱鹅·巴林芙蓉冻石

尺　　寸　15厘米×10厘米

鉴石要点　王羲之喜爱养鹅，通过观察鹅的叫声和神态，逐渐融入其书法艺术之中，所写的鹅字一笔而过，称为"一笔鹅"。

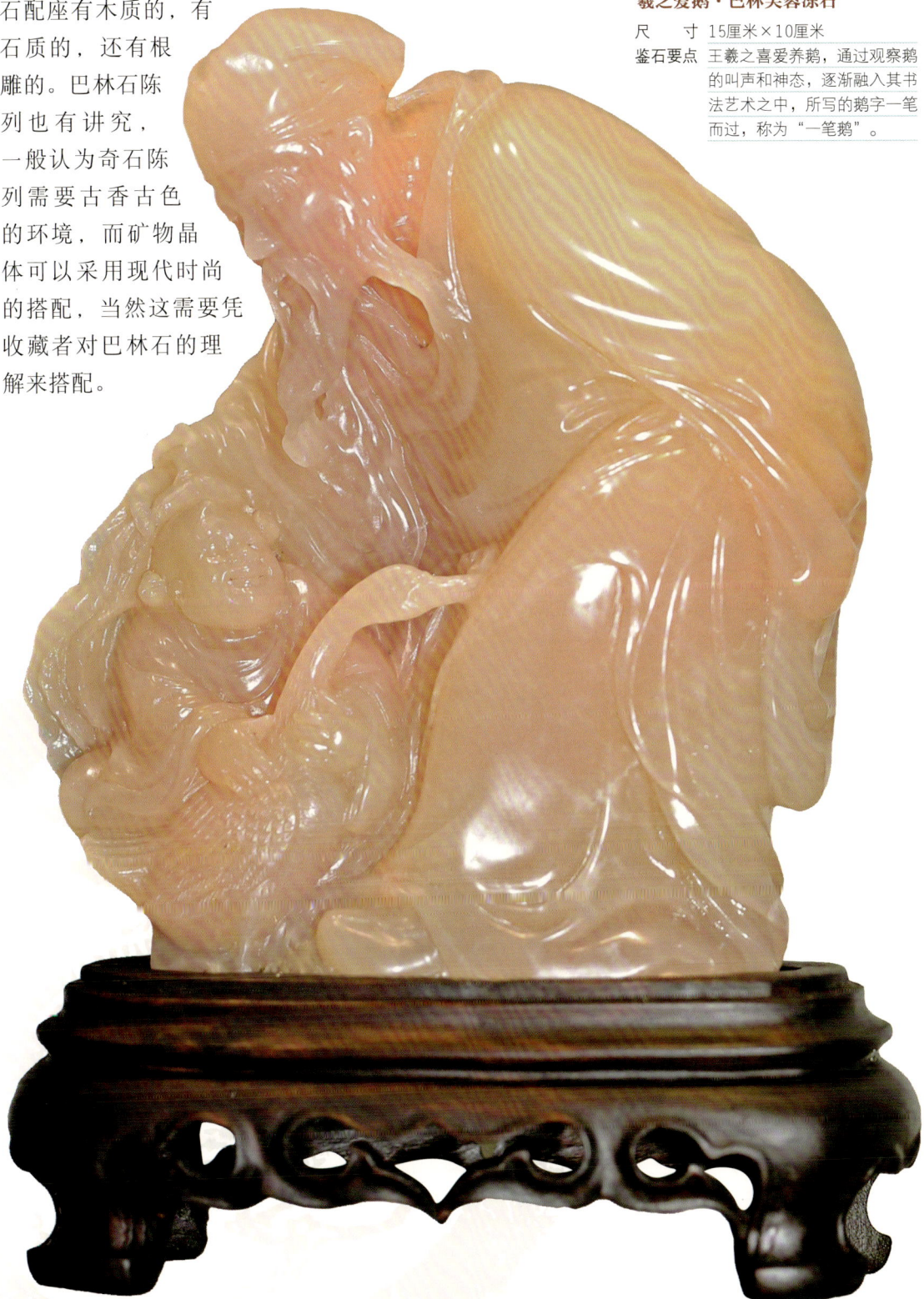

龙凤呈祥·巴林石

尺　　寸 15厘米×17厘米
鉴石要点 采用镂雕技法雕刻中国最传统的龙凤呈祥造型，但由于保养不当，石材的表面显得发干发涩。

有凤来仪·巴林彩石

尺　　寸　25厘米×15厘米

鉴石要点　此雕件雕工细致精美，所以
认真保养才可让其更显石质
的温润。巴林石的保养很重
要，要经常打蜡上油，否则
会变得干涩。

太师少师钮章·巴林红花石

尺　寸　7厘米×7厘米×16厘米

鉴石要点　一只大狮子张口，瞪眼，头向右后侧回望小狮子，小狮了站在人狮子的右后腿上向右回望大狮子。"狮"与"帅"同首，寓意太师少师。

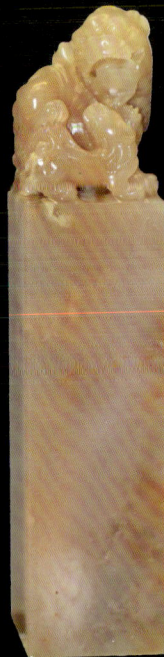

神驰·巴林芙蓉彩冻石

尺　寸　26厘米×33厘米

鉴石要点　造型为一匹奔腾的骏马，马蹄苍劲有力，配白云和草浪，基座为黑色冻石，寓意骏马奔腾向未来。

壮美河山·巴林粉冻鸡血石

尺　　寸　24厘米×28厘米

鉴石要点　石头的冻地内透露着淡雅的绯红，血色或隐或现溶于冰爽的肌体之中，如同玫瑰的花蕊一般。一眼观之，既粉艳花红，又沉静柔和，显得气质高雅。

罗汉洗象·巴林黄冻石

尺　寸　14厘米×18厘米

鉴石要点　石质温润、缜密，象身之上
雕有二童子，攀于象背嬉
戏，大象头前一童子探头仰
望，大象的造型也憨态可
掬，生动传神。

微雕孙子兵法·巴林紫云石

尺　寸　15厘米×21厘米

鉴石要点　《孙子兵法》因其精辟之论述
经过千年历史的验证而著称于
世，此件利用微雕技艺，将近
6000字的孙子兵法雕刻于石面
上，技艺精湛。

微雕春江花月夜·巴林水草石

尺　　寸　10厘米×18厘米

鉴石要点　《春江花月夜》是唐代诗人张若虚的作品。此诗共三十六句，每四句一换韵，以富有生活气息的清丽之笔，创造性地再现了江南春夜的景色。

微雕桃花源记·巴林彩石

尺　　寸　13厘米×19厘米

鉴石要点　微雕陶渊明的《桃花源记》全文。文字微雕融软硬笔书法、微缩、镂刻为一体，现代列为特种工艺品之一。因其用硬度较高的锋针刻写微小的文字，故有针书、针刺、细书之称。

名仕图·巴林鸡油黄福黄石

尺　　寸　10厘米×14厘米

鉴石要点　无论是石雕还是玉雕，山子摆件都是最常见的题材，此件作品整器圆雕，题材经典，构图合理，立体感强。

年年有余·巴林黄冻鸡血石

尺　　寸　10厘米×7厘米

鉴石要点　不甚透明的黄色地子配以纯正鲜艳的鸡血，极为醒目。鱼的线条简洁流畅，寓意年年有余。

争艳·巴林彩冻石

尺　　寸 12厘米×23厘米

鉴石要点 梅花、牡丹争相怒放，
　　　　　惹得鸟儿也不忍离去。

伏狮罗汉·巴林粉冻石

尺　寸　9厘米×10厘米

鉴石要点　罗汉须发卷曲、形骸放浪，坐在狮子身上，而狮子回头张望。整件作品鲜活热闹，虽为宗教题材，却有浓郁的生活情趣。

行家这样买巴林石

中国最美彩石全知道

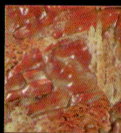

主要参考文献

胡福巨：《巴林石志》，北京出版社，1989年

姚宾谟：《昌化石志》，中华书局，1998年

杨春广：《巴林石》，内蒙古人民出版社，2002年

夏法起：《鉴识青田石》，福建美术出版社，2002年

张培莉等：《系统宝石学》，地质出版社，2006年

崔文元，吴国忠：《珠宝玉石学GAC教程》，地质出版社，2006年

沈泓，王克平：《印石鉴赏与收藏》，安徽科学技术出版社，2006年

方泽：《四大名印石》，百花文艺出版社，2007年

方宗珪：《寿山石文玩钮饰》，荣宝斋出版社，2007年

郑伟：《巴林石鉴赏与投资》，海潮摄影艺术出版社，2009年

印农：《印石收藏与鉴赏:印石的市场价值分析》，中国时代经济出版社，2009年

张子军：《巴林石全书》，中国书店出版社，2010年

潘天寿：《治印丛谈》，浙江人民出版社，2013年